И. В. Одинцова

Что вы сказали?

Книга по развитию навыков аудирования и устной речи
для изучающих русский язык

2-е издание, исправленное

Санкт-Петербург
«Златоуст»

2003

Одинцова И. В.

Что вы сказали? Книга по развитию навыков аудирования и устной речи для изучающих русский язык. — 2-е изд, испр. — СПб.: «Златоуст», 2003. — 264 с.

Зав. редакцией *А. В. Голубева*
Редактор *А. В. Аверина*
Корректор *И. В. Евстратова*
Оформление *И. В. Одинцова*
Обложка *Е. С. Дроздецкий*

Книга «Что вы сказали?» адресуется учащимся, прошедшим базовый курс обучения русскому языку. Ее цель — активизировать у учащихся навыки аудирования, помочь им в овладении живой разговорной речью. Особенностью книги является присутствие в ней большого числа игровых заданий. Эти задания служат развитию навыков устной, ситуативно обусловленной речи.

ISBN 5-86547-285-2

Подготовка оригинал-макета: издательство «Златоуст».

Подписано в печать 04.02.2003. Формат 60×90/8. Печать офсетная. Тираж 3000 экз. Заказ № 2557.
Код продукции: ОК 005-93-953005.

Лицензия на издательскую деятельность ЛР № 062426 от 23 апреля 1998 г.
Санитарно-эпидемиологическое заключение на продукцию издательства Государственной СЭС РФ № 78.01.07.953.П.003882.05.01 от 16.05.2001 г.

197101, Санкт-Петербург, Каменноостровский пр., д. 24, кв. 24. Тел. (7-812) 346 06 68, (7-812) 103-11-78, факс (7-812) 103-11-79, e-mail: sales@zlat.spb.ru, zlat@zlat.spb.ru, http://www.zlat.spb.ru

Отпечатано с готовых диапозитивов в ФГУП «Печатный двор» Министерства РФ по делам печати, телерадиовещания и средств массовых коммуникаций. 197110, Санкт-Петербург, Чкаловский пр., 15.

ОГЛАВЛЕНИЕ

ДОМ

В ДОМЕ

В ГОРОДЕ

ПРЕДИСЛОВИЕ ДЛЯ ПРЕПОДАВАТЕЛЯ

Предлагаемая книга — это пособие по развитию устной речи и аудированию. Книга адресуется учащимся, прошедшим базовый курс обучения русскому языку.

Цель пособия — развить и активизировать у учащихся навыки аудирования; — помочь им в овладении живой разговорной речью.

В книге 5 уроков, посвящённых традиционным для этого языкового уровня темам: СЕМЬЯ, ВНЕШНОСТЬ, ДОМ, В ДОМЕ, В ГОРОДЕ. Каждый урок построен однотипно и содержит четыре части: «Давайте поговорим!», «Давайте послушаем», «Давайте поиграем!», «Это может быть интересно всем!».

Кроме перечисленных уроков в книге имеется специальный раздел «Ты и я. Поговорите друг с другом! Игровые задания». Заключают книгу разделы: «Материалы для прослушивания» и «Ключи к заданиям».

В чём особенность данной книги?

1. Тексты, предлагаемые для аудирования, — монологи и диалоги — являются учебными. Они создавались специально для этого пособия с учётом требований, предъявляемых к аудиотекстам. Эти тексты отражают сферу бытового общения и воспроизводят особенности устной разговорной речи носителей русского литературного языка. В них активно используются экспрессивно-эмоциональная лексика, элементы разговорного синтаксиса, лексико-синтаксические конструкции, характерные для живой разговорной речи.

Предваряют задания на аудирование текстов специальные учебно-тренировочные упражнения, которые выполняются учащимися со слуха. В параграфе «Как вы запомнили новые слова?» активизируется лексический минимум урока; в разделе «Помните ли вы грамматику?» отрабатываются лексико-грамматические конструкции, активно использующиеся в уроке; в параграфе «Как лучше выразить?» учащимся предлагается прослушать и воспроизвести самостоятельно определённые речевые конструкции, которые помогут при аудировании текстов.

2. Учебно-тренировочные упражнения на аудирование не только готовят учащихся к прослушиванию текстов, но и служат развитию у них навыков устной диалогической речи.

Как известно, диалогическая речь почти наполовину состоит из определенных стереотипов. Стереотипы общения универсальны. Во многом стандартен и набор языковых средств, обслуживающих наше речевое общение. Упражнения в параграфе «Как лучше выразить?» помогут учащимся овладеть некоторыми языковыми средствами, необходимыми для адекватного речевого поведения.

3. Отбор материала параграфов «Помните ли вы грамматику?», с одной стороны, продиктован лексико-грамматическими особенностями темы, с другой — сам этот материал построен на активной лексике урока. Поскольку все упражнения выполняются учащимися со слуха, лексико-грамматические темы, предлагаемые в книге, не являются для учащихся новыми.

Материал лексико-грамматических упражнений организован в пособии не совсем традиционно. Эти упражнения составляют не отдельные предложения, а связные микротексты.

4. В книге много рисунков. Рисунки вводят лексику урока, на их основе строятся тексты и упражнения на аудирование. Рисунки помогают смоделировать ситуацию общения и активно включаются в игровые задания.

5. Особенностью данной книги является то, что развитие у учащихся навыков устной речи осуществляется в процессе игры.

Речевые игры организованы в книге таким образом, что они позволяют учащемуся несколько раз, каждый раз по-новому, возвращаться к тренируемым явлениям. Создание нескольких ассоциативных связей в рамках одной темы закрепляет в памяти учащихся материал, предназначенный для усвоения. Неоднократное возвращение к одному и тому же языковому явлению, но в условиях разных ситуаций, не только облегчает запоминание материала, но и уменьшает вероятность его ошибочного запоминания. При таком повторении устанавливаются парадигматические и синтагматические связи языковых и речевых явлений всех уровней, что помогает в дальнейшем использовать эти явления в условиях не учебной, а спонтанной речевой ситуации.

В каждом игровом задании решаются определённые языковые и речевые задачи. Поскольку эти задачи имеют разную степень сложности, игровые задания размещаются в книге в определённой последовательности — от простейших к сложным. В зависимости от уровня владения русским языком учащихся преподаватель может использовать игровые задания выборочно.

Формулировки заданий — условия игры — строятся на базе активного словаря урока с учётом лексико-грамматического материала, который лежит в основе языковой компетенции, необходимой для успешного общения на предложенную тему.

Если задания на аудирование адресуются каждому учащемуся в отдельности и выполняются ими индивидуально, то игровые задания предполагают присутствие как минимум двух партнёров. Поэтому все части книги «Давайте поиграем!», а также разделы «Ты и я. Поговорите друг с другом! Игровые задания» предназначены для групповой работы. Многие игровые задания могут быть также использованы и в работе с учащимися, овладевающими «базовым русским».

Игровые задания входят в каждый урок книги. Однако разные игры описываются и выполняются по-разному:

а) если партнёры по игре имеют одинаковые игровые задания, то игра описывается непосредственно в уроке;

б) если же партнёры имеют разные игровые задания, исполняют в игре разные роли, то партнёры по диалогу получают каждый своё задание:

Партнёр А смотрит игровое задание №...
Партнёр Б смотрит игровое задание №...

Игровые задания партнёра А и партнёра Б подробно описываются в разделах:
«Ты и я. Поговорите друг с другом! Игровые задания. Партнёр А»;
«Ты и я. Поговорите друг с другом! Игровые задания. Партнёр Б».

6. В каждом уроке книги, в начале и в конце урока, есть части, которые содержат вопросы по теме. При кажущейся однотипности заданий эти части имеют разные методические цели. В начале книги вопросы призваны помочь преподавателю выявить возможности группы в сфере речевого общения на предложенную тему. В конце урока вопросы обычно имеют проблемный характер и позволяют преподавателю, с одной стороны, проконтролировать пройденный учебно-языковой материал и, с другой стороны, активизировать этот материал в речи.

7. Учебно-тренировочные упражнения на аудирование имеют три типа команд:

Слушайте и пишите;
Слушайте и повторяйте;
Слушайте, выполняйте и проверяйте себя.

Особое внимание следует обратить на последнюю команду. Команда «Слушайте, выполняйте и проверяйте себя» предполагает, что учащийся после выполнения одного задания прослушивает правильный ответ диктора (ключ) и этот ответ уже не повторяет, а слушает и выполняет следующее задание. Все упражнения с подобной командой выполняются учащимися по образцу.

8. Книга снабжена аудиоприложением. В это приложение включены все «Материалы для прослушивания». В целях экономии времени материалы на аудирование записаны с небольшими паузами (в одно проговаривание).

9. В последний раздел книги «Материалы для прослушивания» введены все формулировки заданий и образцы выполнения этих заданий из части «Давайте послушаем!». Сделано это не случайно. Преподаватель, которого чем-то не устраивает аудиозапись (например, темп речи, длительность пауз и т.д.), может начитывать задания в лингафонном кабинете самостоятельно «с голоса», пользуясь «Материалами для прослушивания». Включение в «Материалы для прослушивания» упражнений на аудирование во всём своём объёме позволит преподавателю пользоваться этой книгой не только в лингафонном кабинете, но и в аудитории.

Исключение составляют лишь задания, относящиеся к работе над учебным монологом и диалогом. В «Материалы для прослушивания» введены только команды «Слушайте монолог» или «Слушайте диалог». Сами же задания учащийся читает и выполняет самостоятельно, без поддержки диктора. Если это необходимо для понимания звучащего текста, перед прослушиванием монолога или диалога в задание вводится преамбула к тексту — слова, позволяющие учащемуся включиться в ситуацию монолога или диалога.

10. Многие упражнения в частях «Давайте послушаем!» и «Давайте поиграем!» выполняются письменно. Особенностью данного пособия является то, что письменные задания выполняются учащимися в книге.

11. Все учебно-тренировочные задания в книге даются с ключами. Если задание выполняется письменно, учащийся может найти правильный ответ в специальном разделе книги «Ключи к заданиям». Эти задания помечены звёздочкой. Если задание выполняется устно, то, как уже отмечалось, правильный ответ содержится в реплике диктора.

В параграфах «Помните ли вы грамматику?» отрабатываются следующие лексико-грамматические темы:

| СЕМЬЯ | 1) выражение времени (конструкции со словами типа: «минута», «час», «день», «месяц», «год»); |
| | 2) выражение собирательности (употребление числительных типа: «двое», «трое»); |

ВНЕШНОСТЬ	1) обозначение наличия (конструкции «у кого? есть что?»); 2) обозначение определительных отношений (конструкции «кто? с чем?», «кто? без чего?»); 3) обозначение определительных отношений (конструкции «быть в чём?», «прийти в чём?», «носить что?», «ходить в чём?», «одеваться как?», «быть одетым как?»);
ДОМ	1) выражение места и направления движения (конструкции с глаголами типа: «быть где?», бывать где?»; 2) конструкции с глаголами движения без приставок типа: «идти куда?», «ходить куда?»);
В ДОМЕ	1) выражение места и направления движения (конструкции с наречиями типа: «здесь/там», «сюда/туда»); 2) выражение статики и динамики (конструкции с глаголами типа: «класть — положить что? куда?», «лежать где?»);
В ГОРОДЕ	выражение направления движения (употребление глаголов движения с приставками).

В параграфах «Как лучше выразить?» с помощью интонационных средств и определённых речевых конструкций отрабатываются следующие темы:

СЕМЬЯ	1) как заинтересовать собеседника (конструкция «Представляешь?!...»); 2) как выразить оценку (конструкции «Неужели?! Надо же!»); 3) как оформить нейтральный переспрос; 4) как оформить переспрос-удивление;
ВНЕШНОСТЬ	1) как подчеркнуть, выделить нужную информацию; 2) как выразить оценку (конструкции с вопросительно-относительными местоимениями — интонационная конструкция 5); 3) как выразить оценку (конструкции со словами «так», «такой»);
ДОМ	1) как уточнить значение предложения; 2) как выразить удивление (конструкция «Да что ты! Неужели?!»); 3) как выразить отрицательную оценку (конструкция «Ничего! Так себе!»);

В ДОМЕ	1) как выразить оценку (конструкции с вопросительно-относительными местоимениями — интонационная конструкция 5);
	2) как выразить оценку (конструкции типа: «Здорово!», «Как здорово!», «Как это здорово!»);
	3) как выразить оценку с оттенком удивления (конструкции типа: «Ну что ты! Как же не...»);
В ГОРОДЕ	1) как повторить вопрос при ответе;
	2) как обратиться с просьбой.

Автор выражает благодарность доценту О. Н. Коротковой за ценные рекомендации, высказанные при чтении рукописи, а также благодарит сотрудников факультета русского языка государственного университета Чжэн Чжи Китайской республики на Тайване за помощь, оказанную при создании оригинал-макета.

Дорогой друг!

Ты уже знаешь, что занятия русским языком

дело нелёгкое и не всегда весёлое.

Возьми эту книгу!

Немного поговори,

послушай и, конечно,

поиграй!

Хочется надеяться, что эта книга

не заставит

тебя скучать!

Автор

СЕМЬЯ

△ **ЧАСТЬ А. Давайте поговорим!**

○ **Знаете ли вы?**

А.1. * Посмотрите на картинки.

Прочитайте слова. Поставьте номера картинок около слов, которые соответствуют этим картинкам.

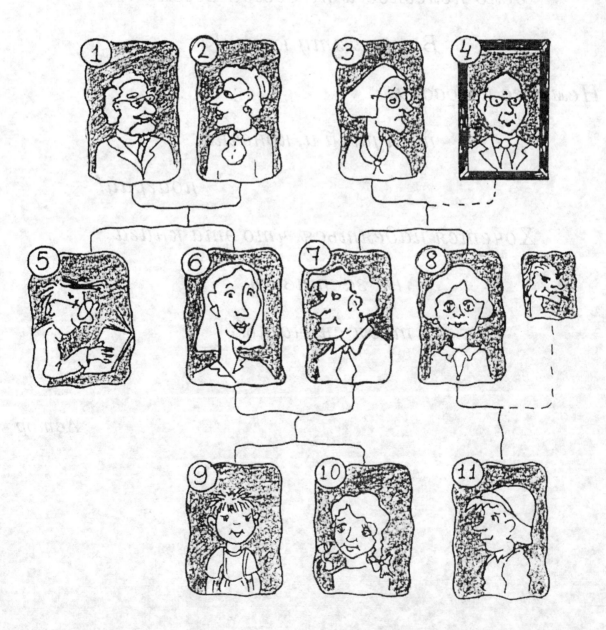

1 _____ дедушка и бабушка

2 _____ муж и жена

3 _____ дочь и сын

4 _____ родные брат и сестра

5 _____ тётя и племянник

6 _____ дядя и племянница

7 _____ двоюродные брат и сестра

8 _____ бабушки и внуки

9 _____ дедушки и внучка

10 _____ двоюродные братья

11 _____ он женат

12 _____ она замужем

13 _____ она разведена

14 _____ бабушка жива

15 _____ дедушка умер

А.2. * Прочитайте в СЛОВАРЕ на страницах 17—18 слова, которые обозначают мужчин и женщин. Заполните таблицу. Напишите, какими словами называют людей мужского и женского пола, а какие слова используются для обозначения и мужчин, и женщин.

он	она	он и она

А.3. * Прочитайте русские мужские и женские имена:

Иван	Анна
Владимир	Ольга
Виктор	Ирина
Александр	Татьяна
Фёдор	Мария
Пётр	Наталья
Андрей	Вера
Николай	Надежда
Сергей	Любовь
Алексей	Екатерина
Леонид	Елена

Образуйте от мужских имён отчества. Посмотрите, как образуются русские отчества:

Иван + ОВИЧ = Иванович
Алексей + ЕВИЧ = Алексеевич

Иван + ОВНа = Ивановна
Алексей + ЕВНа = Алексеевна

Иван _____

Владимир _____

Виктор _____

Александр _____

Фёдор _____

Пётр _____

Андрей _____

Николай _____

Сергей _____

Алексей _____

Леонид _____

А.4. * Знаете ли вы, что имена Иван, Алексей, Анна, Ольга — это полные имена? Полным именем называют человека на работе. Но дома обычно люди называют друг друга неполным именем. Неполным именем пользуются и друзья, когда обращаются друг к другу. Знаете ли вы эти неполные имена?

Иван	_____	Анна	_____
Владимир	_____	Ольга	_____
Виктор	_____	Ирина	_____
Александр	_____	Татьяна	_____
Фёдор	_____	Мария	_____

Пётр	_____	Наталья	_____
Андрей	_____	Вера	_____
Николай	_____	Надежда	_____
Сергей	_____	Любовь	_____
Алексей	_____	Екатерина	_____
Леонид	_____	Елена	_____

А.5. Посмотрите ещё раз на картинки. Дайте каждому члену семьи имя.

Скажите: 1) как зовут всех членов семьи по имени-отчеству;
2) как называют друг друга члены этой семьи дома
(как обращаются друг к другу члены этой семьи дома).

○ А как у вас?

А.6. Ответьте на вопросы преподавателя.

1 Как вас зовут?
2 Почему вас так назвали?
3 Сколько вам лет?
4 Когда вы родились?
5 Сколько у вас братьев и сестер?
6 Ваши сестры и братья моложе или старше вас?
7 Сколько лет вашим братьям и сестрам?
8 Сколько лет вашим родителям?
9 Сколько лет женаты ваши родители?
10 Живы ли ваши дедушка и бабушка? Если да, то с кем они живут?
11 Ваши бабушка и дедушка на пенсии или они еще работают?
12 Как часто вы видите своих бабушек и дедушек?

СЛОВАРЬ

СЛОВА И ВЫРАЖЕНИЯ	имя, отчество, фамилия члены семьи родственник, родственница, родственники генеалогическое древо семьи
	мальчик, юноша, молодой человек, парень, мужчина, пожилой мужчина, старик; папа, отец, муж, дядя, дедушка, сын, брат, родной брат, двоюродный брат, внук, племянник
	девочка, девушка, женщина, пожилая женщина, старая женщина, старуха; мама, мать, жена, тётя, бабушка, дочь, сестра, родная сестра, двоюродная сестра, внучка, племянница

ребёнок
дети, люди, молодые люди, старики, родители, внуки, племянники

пенсионер, пенсионерка, пенсионеры
свадьба
свадебное путешествие

взрослый
счастливый
дружный
самостоятельный
замечательный
чудесный
бывшая жена, бывший муж

рождаться
родиться

умирать
умереть

жив (-а, -ы)		(Моя бабушка жива.)

называть	*кого?*	
назвать	*как?*	(Его назвали Андреем.)

обращаться	*к кому?*	(Он обращается к ней по
обратиться	*как?*	имени-отчеству.)

влюбляться	*в кого?*	(Катя влюбилась в Сергея.)
влюбиться		

выходить/выйти		(Анна вчера вышла замуж за
замуж	*за кого?*	Олега.)
быть замужем	*за кем?*	(Вера замужем за Петром два года.)

жениться	*на ком?*	(Олег вчера женился на Анне.)
женат		(Пётр женат на Вере два года.)
женаты		(Пётр и Вера женаты два года.)

пожениться		(Олег и Анна вчера поженились.)

разводиться	*с кем?*	(Ольга вчера развелась с Са-)
развестись		шей.)

разведён (-а, -ы)	*с кем?*	(Надя давно разведена с Иваном.)

выходить/выйти на пенсию	(Моя тётя вышла на пенсию.)
быть на пенсии	(Моя тётя два года на пенсии.)

| воспитывать | *кого?* | (Меня воспитывала бабушка.) |
| воспитать | | |

| зарабатывать | *как?* | (Мой папа хорошо зарабаты- |
| заработать | | вает.) |

кого? звать как?
   (Меня зовут Наташа.)
называть/назвать *кого?* в честь *кого? как?*
   (Его назвали Андреем в честь дедушки.)
кому? сколько лет?
   (Мне двадцать лет.)
похож (-а, -и) *на кого? чем?*
   (Мой брат похож на папу глазами.)

**СВЯЗНЫЕ
СЛОВОСОЧЕТАНИЯ**
потерять голову
влюбиться с первого взгляда
жить *за кем?* как за каменной стеной
весь (вся) в отца
похож *на кого?* как две капли воды

Это интересно, но почему вы так думаете?

А.7. Отметьте в правом столбике слова, которые вы ассоциируете с новыми словами, и придумайте предложения. Например:

море	волейбол, гулять, купаться

Я люблю играть в волейбол на море.
Мы всегда гуляем вечером у моря.
На каникулах я купался в море.

отчество	имя, Россия, дедушка
родственники	дядя, дом, жить
юноша	мотоцикл, родители, весной
парень	встретить, море, весёлый
пожилой мужчина	работа, умный, отец
старик	борода, медленно, сад
внук	игрушки, вечером, магазины
племянник	праздник, разговаривать, болеть

девушка	цветы, молодой человек, гулять
пожилая женщина	костюм, музыка, дом
свадьба	подарки, гости, танцевать
бывшая жена	плакать, ребёнок, телефон
взрослый	ночью, гулять, экзамены
счастливый	глаза, небо, музыка
дружный	разговаривать, группа, поход
самостоятельный	один, зарабатывать, общежитие
замечательный	поездка, концерт, нравиться
рождаться	ребёнок, магазин, плакать
чудесный	Италия, вечер, любовь
умереть	родственники, накрывать на стол, цветы
влюбиться	горы, глаза, замечательно
выходить замуж	свадьба, гости, белое платье
жениться	брат, машина, вечером
разводиться	телефон, слёзы, дети
воспитывать	обед, школа, читать книги
зарабатывать	Париж, бизнесмен, дешёвое платье
потерять голову	встретить, зелёные глаза, не думать
весь в отца	серьёзный, шахматы, университет

ЧАСТЬ Б. Давайте послушаем!

Как вы запомнили новые слова?

Б.1. * Слушайте микротексты, вписывайте пропущенные слова.

1 1 У меня много _____.

   2 Больше всего я люблю своего _____.

   3 Он _____ человек.

   4 Мой дядя _____, и у него двое детей.

   5 Он много работает и хорошо _____.

   6 Я думаю, что его жена _____.

2 1 Недавно _____ мой _____.

   2 _____ был человек!

   3 Я очень _____ на него.

4 Говорят, что я похож на него _____.

5 Ну что ж! Я очень рад. Ведь именно дедушка больше всех _____ _____ меня.

6 Когда у меня будут дети, я обязательно _____ мальчика Сашей _____ моего дедушки.

3 1 Наша семья очень _____. И все мы любим нашу бабушку.

2 Моя бабушка _____ человек.

3 Она давно уже _____.

4 Она _____, по-моему, пять лет назад.

5 Но она никогда не сидит без дела. _____ внуков, готовит обеды. Самые вкусные пироги — это пироги бабушки.

4 1 Представляете? Вчера я _____.

2 Ура! Теперь я _____!

3 Я _____ на самой красивой девушке Москвы.

4 _____ была в ресторане.

5 А сегодня вечером мы едем в _____.

5 1 Сегодня _____ моя _____, Катя.

2 Кате тридцать два года, и она уже _____.

3 Пять лет назад она _____ со своим мужем.

4 Её _____ нам всем очень нравился.

5 Они _____, когда Кате было всего восемнадцать лет.

6 Наверное, _____ так рано не очень хорошо.

Б.2. * Слушайте микротексты. Пишите связные словосочетания, которые можно употребить в этих микротекстах.

1 _____

2 _____

3 _____

○ Помните ли вы грамматику?

		КОГДА?
	Какой сегодня день?	В какой день недели?
	Какое сегодня число?	Какого числа?
	Какой сейчас месяц?	В каком месяце?
	Какой сейчас год?	В каком году?
5.X	суббота	в субботу
	пятое октября	пятого октября
	октябрь	в октябре
	2000-ый год	в 2000-ом году
5.X.2000	пятое октября	пятого октября
	2000-ого года	2000-ого года
5.X.2000	Сегодня суббота,	Он родился в субботу,
	пятое октября	пятого октября
	2000-ого года.	2000-ого года.

Б.3. * Слушайте микротекст. Пишите пропущенные слова. Записывайте числа цифрами.

1 Моя мама родилась _____ .

2 Она родилась _____ .

3 Мой папа старше мамы на два года. Он родился _____ .

_____ .

4 Мои родителя поженились _____ .

5 Через год, _____, родилась моя сестра.

6 Я родился _____

_____ .

7 Сегодня у нас _____ .

8 _____ у моей мамы день рождения. Приедут все, даже бабушка.

9 Приедет моя сестра со своим мужем. Они поженились в прошлом году, _____ .

10 Свадьба была _____ . Я это хорошо помню.

11 На следующий день, _____, они поехали в свадебное путешествие.

Б.4. Слушайте вопросы и отвечайте на них. Дайте полные ответы на вопросы. В ответах используйте слова, приведённые в задании.

Образец: 1975　— Когда ты родился?
　　　　　　　— Я родился в 1975-ом году.

Слушайте, выполняйте и проверяйте себя.

1　понедельник
2　3.X
3　2000
4　2.X.2000
5　2.XII.1951
6　июнь, 1968
7　1968
8　1973
9　июнь, 1975
10　12.IV.1976

Употребление временных конструкций со словами МИНУТА, ЧАС, ДЕНЬ, НЕДЕЛЯ, МЕСЯЦ, ГОД	
Сколько времени они женаты?	Они женаты <u>два года</u>. *(вин. падеж без предлога)*
Когда они поженились?	Они поженились <u>два года</u> назад. *(вин. падеж + НАЗАД)*
Когда они разводятся?	Они разводятся <u>через неделю</u>. *(ЧЕРЕЗ + вин. падеж)*

Б.5. * Слушайте микротексты. Пишите пропущенные слова.

1　1　Моя старшая сестра вышла замуж _____.
　　2　К сожалению, _____ её муж умер.
　　3　Она была замужем всего _____.

2　1　Я женился _____.
　　2　Я был женат _____.
　　3　_____ я развёлся.

23

3 1 Моя бабушка на пенсии уже _____ .

   2 Она вышла на пенсию _____ , летом.

   3 Мой дедушка выйдет на пенсию _____ .

4 1 Мы поженились _____ .

   2 Свадьба у нас была _____ .

   3 _____ мы едем в свадебное путешествие.

Б.6. Слушайте и читайте предложения. Затем слушайте вопросы и отвечайте на них. Дайте полные ответы на вопросы. В ответах используйте временные конструкции «вин. падеж без предлога», «ЧЕРЕЗ + вин. падеж», «вин. падеж + НАЗАД».

Образец: — Сегодня 1-ое сентября. Моя сестра выходит замуж 15-ого сентября. Когда выходит замуж моя сестра?

— Твоя сестра выходит замуж через пятнадцать дней.

Слушайте, выполняйте и проверяйте себя.

1 Сегодня 1-ое октября. Мой друг женится в марте.

2 Сейчас 2000-ый год. Моя старшая сестра вышла замуж в 1994-ом году.

3 Сегодня 2-ое августа. Моя подруга вышла замуж в мае.

4 Сейчас 2000-ый год. У меня есть девушка, которую я очень люблю. Мы решили пожениться в 2001-ом году.

5 Сегодня 12-ое апреля. У него свадьба 15-ого апреля.

6 Сегодня 1-ое сентября. Мой дедушка вышел на пенсию 1-ого июля.

ДВОЕ, ТРОЕ, ЧЕТВЕРО, ПЯТЕРО ... + *кого?*

два мальчика
двое мальчиков

две девочки

двое детей

Б.7. * Слушайте предложения, пишите пропущенные слова.

1 У моей бабушки _____ внуков — все мальчики.
2 А у моей бабушки _____ внучки — все девочки.
3 А у бабушки Наташи _____ внуков: две внучки и три внука.
4 У нас в семье _____ детей: два мальчика и одна девочка.
5 У моего дедушки было _____ братьев.

Б.8. Слушайте и читайте предложения. Затем слушайте вопросы и отвечайте на них. Там, где возможно, употребляйте числительные ДВОЕ, ТРОЕ, ЧЕТВЕРО, ПЯТЕРО...

Образец: — У меня есть брат. У него два сына. Сколько у меня племянников?
— Двое племянников.

Слушайте, выполняйте и проверяйте себя.

1 Меня зовут Вера. У меня есть три сестры.
2 У моего дяди три сына.
3 У нашей бабушки есть внуки: Катя, Надя и Коля.
4 У моего дяди мальчик и девочка.
5 В его семье пять девочек.
6 У моего брата недавно родился второй сын.
7 У них есть дочка Анечка. Вчера у них родилась ещё одна дочка.

◯ Как лучше выразить?

Б.9. Заинтересуйте собеседника тем, что вы говорите; выразите своё удивление той информацией, которую вы сообщаете, с помощью конструкции ПРЕДСТАВЛЯЕШЬ (ПРЕДСТАВЛЯЕТЕ)?!

Слушайте и повторяйте.

1 — Представляешь?! Андрей женился.
2 — Представляешь?! У Феди уже четыре сына. Четвёртый родился вчера.
3 — Представляешь?! Наташа и Коля развелись.
4 — Жена старше его на десять лет! Представляешь?!
5 — Андрей влюбился и совсем потерял голову. Представляешь?!

Б.10. Выразите удивление с помощью конструкций НЕУЖЕЛИ?! НАДО ЖЕ! Слушайте и повторяйте ответные реплики диалогов.

1 — Представляешь?! У неё уже есть внук.
— Неужели?! Надо же!

2 — Представляешь?! Вчера у неё умер отец.
— Неужели?! Надо же!

3 — Представляешь?! Он похож на бабушку как две капли воды.
— Неужели?! Надо же!

4 — Представляешь?! Он влюбился в неё с первого взгляда.
— Надо же! Неужели?!

5 — Представляешь?! Он так влюбился, что совсем потерял голову.
— Надо же! Неужели?!

Б.11. Слушайте предложения. Выражайте свою оценку с помощью конструкций НЕУЖЕЛИ?! НАДО ЖЕ!

Образец: — Наташа вышла замуж. Представляешь?!
— Неужели?! Надо же!

Слушайте, выполняйте и проверяйте себя.

1 — Муж Ани старше её на двадцать лет. Представляешь?!
2 — Он ничего не зарабатывает. Представляешь?!
3 — У него умерли родители. Представляешь?!
4 — Они так и не поженились. Представляешь?!
5 — Он уже на пенсии. Представляешь?!

Б.12. Оформите переспрос.
Слушайте и повторяйте ответные реплики диалогов.

1 — У меня три брата.
— Три?
(— Да, три.)

— У них завтра свадьба.
— Завтра?
(— Да, завтра.)

2 — У меня три брата.
— Сколько? Три?
(— Да, три.)

— У них завтра свадьба.
— Когда? Завтра?
(— Да, завтра.)

3 — У меня три брата.
— Сколько-сколько? Три?
(— Да, три.)

— У них завтра свадьба.
— Когда-когда? Завтра?
(— Да, завтра.)

4 — У меня три брата.
   — Что-что? Три?
   (— Да, три.)

   — У них завтра свадьба.
   — Что-что? Завтра?
   (— Да, завтра.)

Б.13. Оформите переспрос. Слушайте предложения. Переспрашивайте информацию, заключённую в подчёркнутых словах.

Образец: — Она похожа на папу.
               — На кого? На папу?

Слушайте, выполняйте и проверяйте себя.

1 Наташа выходит замуж за Николая.
2 Он весь в отца.
3 Она старше меня на пять лет.
4 Я обращаюсь к нему по имени-отчеству.
5 Её назвали в честь бабушки Ириной.

Образец: — Она замужем за Олегом.
               — За кем-за кем? За Олегом?

6 Он женат на Ольге.
7 Его назвали Андреем.
8 Он моложе меня на два года.
9 Он похож на маму.
10 Олег влюбился в Анну.

Б.14. Оформите переспрос-удивление.
   Слушайте и повторяйте ответные реплики диалогов.

1 — У него пятеро детей.
   — Пятеро?! Не может быть!

   — Она вышла замуж за Диму.
   — За Диму?! Не может быть!

2 — Она обращается к нему на Вы.
   — Как?! На Вы?! Не может быть!

   — Он старше её на пятнадцать лет. Представляешь?!
   — На сколько?! На пятнадцать?! Не может быть!

3 — Он называет меня дедушкой! Представляешь?!
   — Как-как?! Дедушкой?! Не может быть!

— У них уже пятеро детей.
— Сколько-сколько? Пятеро? Не может быть!

4 — Мой папа уже на пенсии.
— Что-что? На пенсии?! Не может быть!

— Сегодня умер мой дедушка.
— Что-что?! Умер?! Не может быть!

Б.15. Оформите переспрос-удивление. Слушайте предложения. Переспрашивайте информацию, заключённую в подчёркнутых словах.

Образец: — Ей уже <u>двадцать шесть</u> лет.
— Сколько?! Двадцать шесть?! Не может быть!

Слушайте, выполняйте и проверяйте себя.

1 — Она была замужем <u>три</u> раза.
2 — Они поженились <u>три дня назад</u>.
3 — Вчера они <u>развелись</u>.
4 — Его воспитывает <u>бабушка</u>.
5 — У него <u>замечательный</u> сын.

⊖ Как вы понимаете монолог?

Б.16. ⁎ Слушайте монологи.
Смотрите на рисунки и слушайте монологи первый раз.
Перед вами семья Анны Андреевны и Николая Алексеевича.

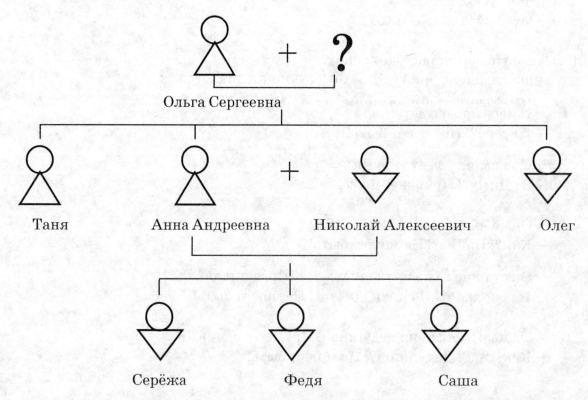

Через неделю вся семья соберётся в доме. Каждый ждёт этой встречи.
Вы услышите 4 рассказа. Послушайте, о чём говорят члены этой семьи.

Напишите:

    1) как зовут людей, рассказы которых вы услышите;

    2) кто они Анне Андреевне (её мама, брат, сестра, дочь, сын…)

первый монолог _____

второй монолог _____

третий монолог _____

четвёртый монолог _____

Б.17. * Теперь вы знаете, кто рассказывал о семье Анны Андреевны и Николая Алексеевича. А сейчас послушайте рассказы об этой семье второй раз. Прослушайте первый монолог и ответьте на первый вопрос. Затем прослушайте второй монолог и ответьте на второй вопрос и т. д.

1   О ком говорит Ольга Сергеевна?

    1) о внуках   _Да_ _____

    2) о муже своей старшей дочери   _____

    3) о своей младшей дочери   _____

    4) о сыне   _____

    5) о бывшей жене сына   _____

2   О ком говорит Таня?

    1) о старшем племяннике   _____

    2) о среднем племяннике   _____

    3) о младшем племяннике   _____

    4) о брате   _____

    5) о себе   _____

    6) о сестре   _____

3   О ком говорит Федя?

    1) о себе   _____

    2) о младшем брате   _____

    3) о папе   _____

    4) о старшем брате   _____

    5) о маме   _____

4 О ком говорит Олег?

    1) о маме   _____

    2) о себе   _____

    3) о своей бывшей жене _____

    4) о сестре   _____

    5) о Вике   _____

    6) о племянниках   _____

Б.18. * Слушайте рассказы третий раз.

Читайте предложения. Выражайте согласие или несогласие с тем, о чём в них говорится.

первый монолог

1 **Нет**   У Ольги Сергеевны маленькая семья.

2 _____ Через месяц у Ольги Сергеевны день рождения.

3 _____ Ольга Сергеевна хочет, чтобы все дети собрались вместе.

4 _____ Ольга Сергеевна живёт с семьёй своей старшей дочери.

5 _____ Семья живёт очень дружно.

6 _____ Ольга Сергеевна помогает воспитывать своих внуков.

7 _____ У неё двое детей.

8 _____ У неё трое внуков.

9 _____ Старший внук — школьник.

10 _____ Младший внук — тоже школьник.

11 _____ Муж дочери Ольги Сергеевны очень хороший.

12 _____ Он много работает и зарабатывает много денег.

13 _____ Дочь Ольги Сергеевны за ним как за каменной стеной.

14 _____ Ольге Сергеевне нравится муж её старшей дочери.

15 _____ Младшая дочь, Таня, живёт вместе с Ольгой Сергеевной.

16 _____ Младшая дочь Ольги Сергеевны — студентка.

17 _____ Ольга Сергеевна очень довольна, что её младшая дочь рано станет самостоятельной.

18 _____ Ольга Сергеевна очень беспокоится о своём сыне.

19 _____ Её сын, Олег, женился пять лет назад.

20 _____ Олег уже развёлся.

21 _____ Бывшая жена Олега очень нравится Ольге Сергеевне.

22 _____ Сейчас Олег живёт с другой женщиной.

23 _____ Ольга Сергеевна видела эту женщину.

второй монолог

1 _____ Таня очень рада, что скоро увидит своих родственников.

2 _____ Таня очень соскучилась.

3 _____ Таня видела всех своих племянников.

4 _____ Старший её племянник очень весёлый мальчик.

5 _____ Младший племянник Тани совсем маленький.

6 _____ Старший её племянник играет в шахматы.

7 _____ Он похож на отца.

8 _____ Младший племянник Тани как две капли воды похож на мать.

9 _____ Если мальчик похож на отца, значит, он будет счастливым.

10 _____ Если девочка похожа на отца, значит, она будет счастливой.

11 _____ Таня похожа на маму.

12 _____ Таня очень счастлива.

13 _____ Таня живёт совершенно самостоятельно.

14 _____ Она ходит, куда хочет, и дружит, с кем хочет.

третий монолог

1 _____ Федя рад, что у бабушки скоро будет день рождения.

2 _____ Федя рад, что придут гости, потому что ему тоже что-нибудь подарят.

3 _____ Федя хочет, чтобы ему подарили машину.

4 _____ Федя сказал маме, что он хочет машину.

5 _____ Федя хочет дать машину своему старшему брату.

четвёртый монолог

1 _____ Олег хочет идти к своим родственникам.

2 _____ Олег боится, что мама начнёт плакать.

3 _____ Олегу надо идти к своим родственникам, потому что его будут там ждать.

4 _____ Олег хочет взять с собой Вику.

5 _____ С Викой он познакомился на работе.

6 _____ Он влюбился в Вику с первого взгляда.

7 _____ Олег потерял голову, потому что Вика ему очень понравилась.

8 _____ Олег очень любит Вику.

9 _____ Он уверен, что Вика любит его так же сильно, как он её.

○ Как вы понимаете диалог?

Б.19. * Прослушайте диалог первый раз. Напишите, кто сегодня выходит замуж.

_____

Б.20.* Слушайте диалог второй раз. Рисуйте генеалогическое древо семьи, о которой говорится в этом диалоге.

Б.21. * Слушайте диалог третий раз.
Читайте предложения. Выражайте своё согласие или несогласие с тем, о чём в них говорится.

1 _Да_ Аня едет на свадьбу.

2 _____ Выходит замуж её родная сестра.

3 _____ Сестру Ани зовут Нина.

4 _____ Виктор видел Нину несколько раз.

5 _____ Нине 25 лет.

6 _____ Виктор знает, сколько Нине лет.

7 _____ Нина выходит замуж за студента.

8 _____ Аня хорошо знает парня, за которого Нина выходит замуж.

9 _____ Свадьба будет дома у Нины.

10 _____ На свадьбе будут все родственники.

11 _____ У Ани три брата.

12 _____ Старшего брата зовут Петя.

13 _____ Петя родился в 1973 году.

14 _____ Братья Ани уже взрослые люди.

15 _____ Братья Ани живут самостоятельно, не с родителями.

16 _____ Миша родился раньше, чем Петя.

17 _____ У Ани есть дядя.

18 _____ Дядя Ани женат.

19 _____ У дяди трое детей.

20 _____ Нина — его старшая дочь.

21 _____ Нина старше Наташи на 5 лет.

Б.22. * Вы нарисовали генеалогическое древо семьи Ани. Теперь подпишите этот рисунок. Напишите на своём рисунке имена сестёр и братьев Ани; в каком году они родились.
Если вам трудно, прослушайте диалог ещё раз.

Б.23. * А сейчас дайте полные ответы на вопросы и запишите свои ответы.

1 Как зовут родных и двоюродных братьев и сестёр Ани?

_____

_____

_____

_____

давайте послушаем

2 В каком году родилась Аня?

_____

3 В каком году родились родные и двоюродные сёстры и братья Ани?

_____
_____
_____
_____

4 На сколько лет Миша старше Пети?

_____

5 На сколько лет Аня младше Миши?

_____

6 На сколько лет Петя старше Ани?

_____

7 На сколько лет Нина старше Наташи?

_____

8 На сколько лет Аня младше Нины?

_____

9 На сколько лет Наташа младше Ани?

_____

⊖ Проверьте себя!

Б.24. Прослушайте монологи ещё раз. Восстановите пропущенные слова и предложения.

первый монолог

У меня очень большая семья. _____ у меня день рождения. И я очень хочу, чтобы все мои _____ собрались вместе. Я живу вместе _____

_____ и её детьми. Живём мы очень _____ . Я помогаю _____ внуков. А их у меня _____ . И все мальчики. Представляете?! Одни мальчики. И _____ . Старший, Серёжа, уже ходит в школу, а _____ ещё даже не говорит. Муж у моей дочери _____ . Он много работает и хорошо зарабатывает. Моя дочь за ним _____ . Я очень за неё рада. Моя младшая дочь учится. И живёт, к сожалению, не _____ . Она живёт в другом городе. Я очень часто думаю _____ . Как она там? Совершенно _____ и в чужом городе. Но она пишет, что всё у неё хорошо. Ну что же?! Может быть, это и лучше. Раньше станет _____ . А вот мой сын?! О, я о нём думаю постоянно. Он _____ два года назад. Девушка была очень хорошей. Всем нравилась. А он? Вы _____ , через год _____ . А сейчас живёт _____ . Я её и не видела. Да и видеть не хочу.

второй монолог

Привет! _____ еду к своим! О! Это здорово! Я так соскучилась! Очень хочу _____ всех. У меня уже три _____ . Ничего себе! _____ ! Да ещё все мальчики! Представляю, как им, наверное, весело. Мама пишет, что старший весь _____ . Такой же серьёзный. Играет в шахматы, хорошо _____ . А младший? _____ я ещё и не видела. Только знаю, как зовут, — Саша, Сашенька. Он родился шесть _____ . Говорят, очень _____ . Как две капли воды. Значит, будет _____ . Так говорят. Если мальчик похож на мать, значит, будет счастливым. А девочка, если _____ , тоже должна быть _____ . И это правда. Правда, правда! Вот я, я _____ . И очень счастлива. Учусь. Живу совершенно _____ . Хожу, куда хочу; дружу, с кем хочу. Разве плохо?

35

третий монолог

Здравствуйте! Скоро у нас _____. День рождения. Плохо, конечно, что _____. Но всё равно хорошо. Приедут все. Тёти,_____. И мне что-нибудь подарят, какую-нибудь игрушку. Я очень хочу машину. Большую машину. Я уже сказал папе, что хочу _____. Никому не дам. Буду сам играть. Даже Серёже... Да-а-а! А ему и не надо. Он целый день _____.

четвёртый монолог

О! Через неделю нужно _____. Очень не хочется. Начнут спрашивать. Мама ещё _____ будет. _____! Ой! Как не хочется. Но надо идти. Ведь _____. Хочу взять с собой Вику. Но очень _____. Что скажет мама? Ведь ей так нравилась моя _____. Ну что же делать? Встретил Вику. Совершенно случайно. Вместе отдыхали _____. И _____. С кем не бывает? Увидел и совершенно _____. Ушёл от жены. Но сейчас, знаете, я думаю, что Вика — это то, что мне нужно. Она именно _____ _____, о котором я мечтал всю жизнь. Вот уже год, как мы живём вместе. И я _____ её всё больше и больше. И она меня любит. _____, любит. Думаю, что любит.

Б.25. Прослушайте диалог ещё раз. Восстановите пропущенные слова и выражения.

Виктор: Здравствуй, Аня!

Аня: Привет!

Виктор: Ты куда?

Аня: Я еду к своей _____. Сегодня у неё _____.

Виктор: О, поздравляю! Это Нина _____?

Аня: Ты разве её знаешь?

Виктор: Конечно. Я несколько раз видел её _____.

Аня: Ну да, конечно.

Виктор: _____ же Нине _____? Она, по-моему, очень молодая.

Аня: Нине? Да ей уже двадцать семь.

Виктор: _____? Я думал, что ей лет двадцать. А _____ же она выходит замуж?

Аня: За парня _____. Они вместе работают в одном институте. По-моему, очень хороший человек. Правда, я его видела всего _____.

Виктор: А где _____?

Аня: В ресторане. Приедут все наши _____. Представляешь? Даже _____ собирается. Говорит, что хочет посмотреть _____ _____. Посмотрю, говорит, а потом и _____ можно.

Виктор: А сколько же у неё внуков?

Аня: Сколько? М-м-м. У мамы... нас _____. Я и два брата.

Виктор: У тебя есть братья? Я их никогда не видел.

Аня: Да они уже _____. И живут давно не с нами. Петя _____ на пять лет. Он _____ _____... Когда же, подожди. Какой у нас _____ _____?.. Двухтысячный. Да! Пете сейчас двадцать семь лет. Значит, он _____ А Миша ещё _____ его. Он старше Пети _____ _____.

Виктор: Значит, у бабушки вас _____ и Нина.

Аня: Да нет. Подожди. У брата моей мамы _____.

Виктор: У твоего дяди?

Аня: Да, да. У моего дяди _____. Две девушки. Нина и Наташа. Нина старшая дочь. А Наташа _____ на четыре года. Вот. По-моему, всё.

ЧАСТЬ В. Давайте поиграем!

В.1. Создайте календарь дней рождений членов вашей группы.

Встаньте, подойдите к каждому члену группы и задайте ему такие вопросы:

а) в каком году вы родились?
б) в каком месяце вы родились?
в) какого числа вы родились?

Или же скажите:

Я родился … . А вы? Вы родились позже или раньше меня?

Постройтесь в один ряд в зависимости от дня, месяца и года рождения членов вашей группы.

А теперь пусть первый в этом ряду скажет, когда он родился. Следующий человек назовёт дату своего рождения и скажет, на сколько лет (месяцев, дней) он младше человека, который стоит перед ним.

В.2. Расскажите о семье, которая изображена на картинке.

Посмотрите на генеалогическое древо этой семьи.

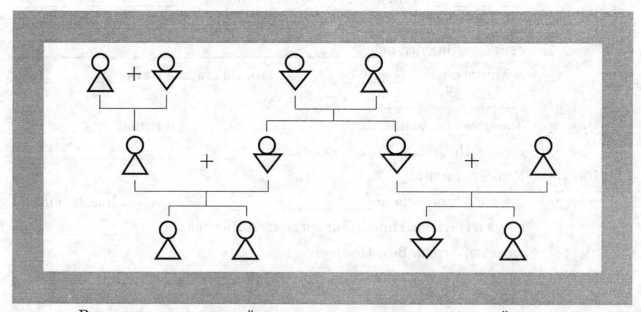

Решите со своим партнёром, как зовут каждого члена этой семьи.

Напишите под каждым членом семьи день, месяц и год его рождения. Обсудите со своим партнёром:

а) кто самый старший в семье;   г) на сколько лет кто кого старше;

б) кто самый младший в семье;   д) на сколько лет кто кого младше.

В.3. Нарисуйте генеалогическое древо своей семьи.

Партнёр А смотрит игровое задание № 4.
Партнёр Б смотрит игровое задание № 32.

В.4. Через пять дней Наташа и Андрей женятся. Вам надо расспросить друг друга о семье Наташи и Андрея.

Партнёр А смотрит игровое задание № 2.
Партнёр Б смотрит игровое задание № 33.

В.5. Внизу нарисована линия жизни Коли Смирнова — молодого человека из Иркутска. Справа отмечены самые важные события, которые произошли в жизни Коли. Слева написано, когда эти события произошли.

5.XII.1996	женился
23.III.1995	умер мой дедушка
сентябрь-декабрь 1995	был в Москве
лето 1994	поступил в университет
июль 1994	окончил школу
30.V.1994	первый раз влюбился
сентябрь 1983	пошёл в школу
24.XII.1977	родился

Расскажите о Коле Смирнове.

В.6. Узнайте у своего партнёра, когда жили и творили известные русские писатели и поэты.

Партнёр А смотрит игровое задание № 3.
Партнёр Б смотрит игровое задание № 34.

В.7. Нарисуйте свою линию жизни на отдельном листке бумаги. Повесьте все рисунки на доске. Посмотрите, чья линия жизни вам более всего интересна. Поговорите с этим человеком.

давайте поиграем

B.8. Корреспондент газеты берёт интервью у молодого человека и девушки. Вопросы корреспондента с левой стороны, а ответы — с правой. Расположите ответы в нужном порядке.

ИНТЕРВЬЮ С МОЛОДЫМ ЧЕЛОВЕКОМ

1 — Представьтесь, как вас зовут?	_____	— Да, у меня отличные старики.

2 — Скажите, сколько вам лет?	_____	— Один ребёнок. Это я.

3 — Вы женаты?	_____	— Один ребёнок — это, по-моему, нормально. Разве плохо быть одному?! Представляете? Когда я поступил в университет, родители мне подарили машину. Здорово! А? Правда, они всю жизнь на работе. Мной занималась всегда больше бабушка, чем родители. Но у меня много друзей. И мне никогда не бывает скучно.

4 — Вы живёте вместе с родителями?	**1**	— Андрей.

5 — Сколько детей в вашей семье?	_____	— Ну что вы! Конечно, нет! Поспешишь — людей насмешишь. Я женюсь лет через 10, не раньше.

6 — Как вы считаете, Андрей, сколько детей должно быть в семье?	_____	— Двадцать два года.

ИНТЕРВЬЮ С ДЕВУШКОЙ

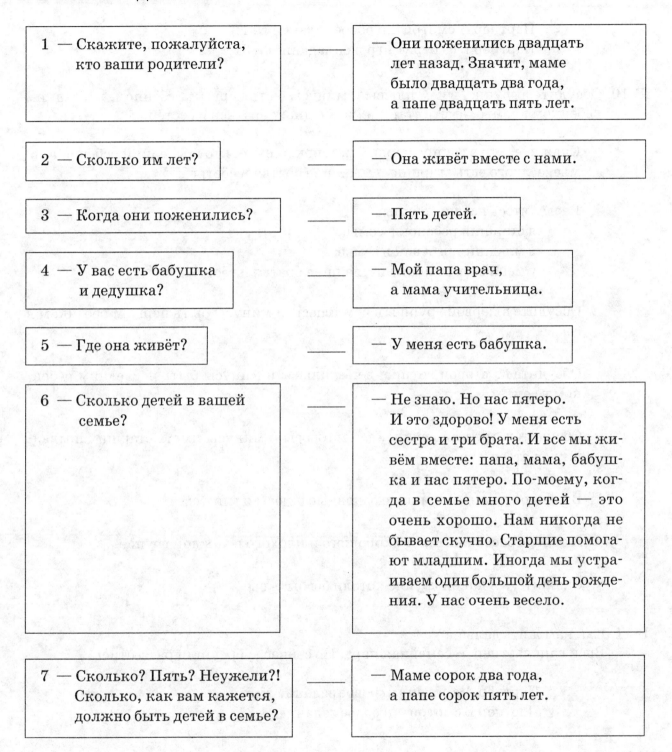

| 1 — Скажите, пожалуйста, кто ваши родители? | ____ | — Они поженились двадцать лет назад. Значит, маме было двадцать два года, а папе двадцать пять лет. |

| 2 — Сколько им лет? | ____ | — Она живёт вместе с нами. |

| 3 — Когда они поженились? | ____ | — Пять детей. |

| 4 — У вас есть бабушка и дедушка? | ____ | — Мой папа врач, а мама учительница. |

| 5 — Где она живёт? | ____ | — У меня есть бабушка. |

| 6 — Сколько детей в вашей семье? | ____ | — Не знаю. Но нас пятеро. И это здорово! У меня есть сестра и три брата. И все мы живём вместе: папа, мама, бабушка и нас пятеро. По-моему, когда в семье много детей — это очень хорошо. Нам никогда не бывает скучно. Старшие помогают младшим. Иногда мы устраиваем один большой день рождения. У нас очень весело. |

| 7 — Сколько? Пять? Неужели?! Сколько, как вам кажется, должно быть детей в семье? | ____ | — Маме сорок два года, а папе сорок пять лет. |

Прочитайте диалоги с партнёром.

А теперь один из вас — корреспондент. Он задаёт вопросы. Другой даёт реальные ответы.

В.9. Хорошо ли быть одним ребёнком в семье?

Партнёр А смотрит игровое задание № 1.
Партнёр Б смотрит игровое задание № 31.

В.10. Обсудите в группе, в чём плюсы и минусы быть первым ребёнком, последним ребёнком в семье, иметь старших и младших братьев и сестёр.

Скажите, кто в группе первый ребёнок в семье, кто последний ребёнок в семье, а у кого есть старшие и младшие братья и сёстры.

Разделитесь на три группы:
я старший ребёнок в семье;
я младший ребёнок в семье;
у меня есть старшие и младшие братья и сёстры.

Обсудите в первой группе, в чём плюсы и минусы быть первым ребёнком в семье.

Обсудите во второй группе, в чём плюсы и минусы быть последним ребёнком в семье.

Обсудите в третьей группе, в чём плюсы и минусы иметь старших и младших братьев и сестёр.

В каждой группе запишите основные плюсы и минусы.

А теперь расскажите, что хорошего и плохого в каждой группе.

Скажите, а в какой группе хотели бы быть вы.

В.11. Как нам жить дальше?
Вы и ваш партнёр — семейная пара. Но сейчас вы решили развестись.

Партнёр А смотрит игровое задание № 5.
Партнёр Б смотрит игровое задание № 35.

В.12. Прочитайте шутки и задайте друг другу вопросы.

Партнёр А смотрит игровое задание № 6.
Партнёр Б смотрит игровое задание № 36.

ЧАСТЬ Г. Это может быть интересно всем!

1   Сколько у вас имён?
    а) Сколько обычно имён у людей в вашей стране?
    б) Имеет ли ваше имя какое-нибудь значение?
    в) Есть ли в вашей стране особые традиции называть детей?
    г) Ваше имя вам дали в честь кого-нибудь, в честь чего-нибудь, или оно
       просто нравилось вашим родителям?
    д) Каким именем вас называют дома, а каким в университете или на работе?

2   Во сколько лет в вашей стране обычно юноши женятся, а девушки выходят
    замуж?

3   Берёт ли девушка, которая выходит замуж, фамилию мужа или оставляет
    свою?

4   Как в вашей стране играют свадьбы?
    а) Сколько человек обычно бывает на свадьбе?
    б) Кого приглашают на свадьбу?
    в) Как одета невеста?
    г) Какие цветы обычно у невесты?
    д) Какие подарки дарят молодым на свадьбе?
    е) Сколько дней обычно играют свадьбу в вашей стране?

5   Когда обычно в семье рождается первый ребёнок?

6   Сколько обычно детей в ваших семьях? В вашей стране можно иметь много
    детей?

7   Сколько, по-вашему, должно быть детей в семье?

8   Часто ли в вашей стране муж и жена разводятся?
    а) В чём обычно причины разводов в вашей стране?
    б) Если родители разводятся, то с кем остаются дети?

9   Когда обычно мужчины и женщины в вашей стране выходят на пенсию?
    Могут ли люди, которые вышли на пенсию, работать?

10 Где обычно живут в вашей стране бабушки и дедушки? Помогают ли бабуш-
    ки и дедушки воспитывать внуков?

ВНЕШНОСТЬ

△ ЧАСТЬ А. Давайте поговорим!

⬭ Знаете ли вы?

А.1. * Посмотрите на картинки.

Прочитайте слова. Поставьте номер картинки около слова, которое соответствует этой картинке.

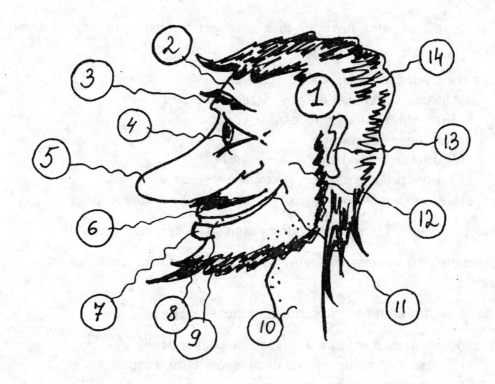

1 _____ голова	8 _____ усы
2 _____ нос	9 _____ глаз (глаза)
3 _____ ухо (уши)	10 _____ бровь (брови)
4 _____ шея	11 _____ лоб
5 _____ борода	12 _____ волосы
6 _____ губа (губы)	13 _____ щека (щёки)
7 _____ рот	14 _____ зуб (зубы)

Какой он? Какая она?

1 _____ он молодой	8 _____ она толстая
2 _____ она средних лет	9 _____ он худой
3 _____ он пожилой	10 _____ он полный
4 _____ он высокий	11 _____ он стройный
5 _____ она маленького роста	12 _____ он сутулый
6 _____ она среднего роста	13 _____ она стройная
7 _____ у неё хорошая фигура	14 _____ у неё длинные волосы

Как он выглядит?

1 _____ он выглядит больным	4 _____ он выглядит отдохнувшим
2 _____ он выглядит усталым	5 _____ у него синяки под глазами
3 _____ он кровь с молоком	6 _____ у него румянец во всю щёку

45

Какое у него (у неё) лицо? Какие у него (у неё) глаза?

1 _____	у него круглое лицо
2 _____	у него скуластое лицо
3 _____	она курносая
4 _____	у неё длинный прямой нос
5 _____	у него большой нос
6 _____	у неё большие полные губы
7 _____	у него тонкие губы
8 _____	у него большие круглые глаза
9 _____	у него маленькие глаза
10 _____	у него густые брови
11 _____	у него широкие брови
12 _____	у него тонкие брови
13 _____	у неё длинная шея
14 _____	он без шеи
15 _____	у него короткая шея
16 _____	у неё прямые длинные волосы
17 _____	у неё волнистые короткие волосы
18 _____	у него кудрявые длинные волосы
19 _____	у него кудрявые короткие волосы

20 _____ у него короткие густые прямые волосы

21 _____ у него короткие редкие кудрявые волосы

22 _____ у него длинные густые кудрявые волосы

23 _____ он с усами, но без бороды

24 _____ он с усами и с бородой

○ А как у вас?

А.2. Ответьте на вопросы преподавателя.

1 Какой вы?

2 Какие у вас глаза? А волосы?

3 Какой у вас нос? А лоб?

4 Вы сами себе нравитесь?

5 Вы хотели бы что-нибудь изменить в своей внешности?

6 Вы сегодня хорошо выглядите?

7 В чём вы сегодня пришли на занятия?

8 Как вы обычно одеваетесь, когда идёте в университет?

9 А как вы одеваетесь, когда идёте в театр?

10 Вы любите одеваться модно?

11 Кто в вашей группе модно одевается?

СЛОВАРЬ

СЛОВА И ВЫРАЖЕНИЯ

<u>Выглядеть как?</u>
выглядеть *как?* (хорошо/плохо, уставшим, больным, не очень здоровым, отдохнувшим)

<u>Какой он?</u>
молодой/средних лет/пожилой/старый
маленького/среднего/высокого роста; высокий
полный, толстый/худой
стройный/сутулый
красивый/некрасивый
симпатичный

<u>Какое у него лицо?</u>
круглое, скуластое, вытянутое
бледное/румяное

<u>Какой у него лоб?</u>
высокий/низкий

Какие у него глаза?
голубые, синие, серые, карие, чёрные, зелёные
тёмные/светлые
весёлые/грустные, печальные

Какой у него рот?
большой/маленький

Какие у него брови?
широкие/тонкие
тёмные/светлые

Какие у него губы?
полные/тонкие
яркие/бледные

Какой у него нос?
большой/маленький
длинный, широкий
прямой
он курносый

Какие у него волосы?
чёрные, рыжие (он рыжий)
тёмные/светлые
короткие/длинные
прямые/волнистые/кудрявые (он кудрявый)
он лысый
он седой

борода, усы

Какая у него фигура?
хорошая/плохая

одежда
платье, юбка
кофта, блузка
костюм, пиджак
брюки, джинсы, шорты
куртка, плащ, пальто
рубашка, майка, футболка
галстук
туфли, ботинки, сандалии, сапоги, кроссовки
туфли на высоком/низком каблуке
шапка

украшения
бусы, браслет, серьги

очки, часы

модный/немодный
элегантный
безвкусный
простой
нарядный

быть	*в чём?*	(Сегодня он в костюме.)
носить	*что?*	(Обычно он носит джинсы.)
ходить	*в чём?*	(Обычно он ходит в джинсах.)
одеваться	*как?*	(хорошо, модно, просто,
одеться		одеться со вкусом/безвкусно)
одет (-а, -ы)	*как?*	

изменяться
измениться

узнавать	*кого?*
узнать	

описывать	*что?*
описать	*кого?*

полнеть
пополнеть

худеть
похудеть

бледнеть
побледнеть

стареть
постареть

СВЯЗНЫЕ СЛОВОСОЧЕТАНИЯ

что? кого? не узнать
(Он очень изменился. Его не узнать.)
кто? кровь с молоком
румянец во всю щёку
у кого? синяки под глазами
отставать/отстать от жизни
что? кому? идёт
что? кому? к лицу
быть в моде

А.3. Посмотрите ещё раз слова, которые обозначают одежду и украшения. Напишите, какую одежду и украшения носят только мужчины, только женщины, а что носят и мужчины, и женщины.

	мужчины	женщины	мужчины и женщины
одежда и украшения			

А теперь пусть один из группы скажет, что носят только мужчины; другой скажет, что носят только женщины; а третий назовёт одежду и украшения, которые носят и мужчины, и женщины.

Выразите своё согласие или несогласие с тем, что вы услышали. Употребите конструкции:

ДА — согласен (-а, -ы) *с кем?*
совершенно согласен (-а, -ы) *с кем?*

НЕТ — не согласен (-а, -ы) *с кем?*
совершенно, абсолютно не согласен (-а, -ы) *с кем?*

и ДА, и НЕТ — не совсем согласен (-а, -ы) *с кем?*

Если вы не согласны с тем, что вы услышали, объясните, почему.

○ Это интересно, но почему вы так думаете?

А.4. Отметьте в правом столбике слова, которые вы ассоциируете с новыми словами, и придумайте предложения. Например:

море	волейбол, гулять, купаться
Я люблю играть в волейбол на море. Мы всегда гуляем вечером у моря. На каникулах я купался в море.	

высокий лоб   красиво, умный, быстро
грустные глаза   развестись, плакать, письмо

широкие брови	девушка, фильм, река
румяное лицо	мороз, отдохнуть, весело
курносый	рыжий, смеяться, цирк
кудрявый	нравиться, весёлый, молодость
лысый	дедушка, знакомый, думать
выглядеть	уставший, работать, спать
галстук	Африка, модный, работа
костюм	деньги, холодно, элегантный
сандалии	лето, дождь, гулять
шапка	зима, ветер, тепло
бусы	нарядно, покупать, дорогие
одеваться	просто, спать, театр
изменяться	пополнеть, летом, выйти замуж
худеть	диета, спорт, вкусно
отставать от жизни	бабушка, старомодно, журналы мод
кровь с молоком	здоровый, бегать, изменяться

☥ ЧАСТЬ Б. Давайте послушаем!

⊂ Как вы запомнили новые слова?

Б.1. * Слушайте микротексты, вписывайте пропущенные слова.

1 1 У меня есть друг, Антон. Антон очень интересный молодой человек.
_____ .

2 У Антона _____ .

3 Одевается он всегда _____ .

4 На работе он ходит _____
_____ .

5 Обычно он носит _____

6 Дома он всегда одет очень _____ .

7 Вот и сейчас он _____

8 Мой друг занимается спортом. И все говорят, что он _____
_____ .

9 На него всегда приятно смотреть. _____
_____ .

10 Но в последнее время _____ .

11 Что с ним случилось? Почему он так _____ ?

12 У него появились _____

13 Он _____
Может, он болен? А может, влюблён?

51

2 1 Моя подруга очень _____ девушка.

    2 Она _____ .

    3 Она не _____ .

    4 У неё _____ .

    5 Она очень _____ .

    6 У неё _____

        _____ .

    7 Девушка _____

        _____ — это очень красиво. Правда?

    8 Моя подруга одевается всегда _____ .

    9 Вот и сегодня. Посмотри! Она _____ .

   10 Платье очень _____ .

   11 Она любит _____ .

   12 Иногда она носит _____ .

   13 А сегодня она _____ .

Б.2. * Прослушайте микротексты. Напишите связные словосочетания, которые можно употребить в этих микротекстах.

    1 _____

    2 _____

    3 _____

⚪ Помните ли вы грамматику?

у кого? что? (у + род. падеж + им. падеж) У девушки синие глаза.	кто? с чем? (им. падеж + С + твор. падеж) Девушка с синими глазами.

Б.3. Слушайте и читайте предложения. Заменяйте конструкцию *У КОГО? ЧТО?* конструкцией *КТО? С ЧЕМ?*

Образец: У девушки высокий красивый лоб.

        — Девушка с высоким красивым лбом.

Слушайте, выполняйте и проверяйте себя.

1   У молодого человека борода и усы.
2   У мальчика короткие волосы.
3   У девочки карие глаза.
4   У девушки маленький красивый рот.
5   У мужчины скуластое лицо.
6   У юноши длинные волнистые волосы.

Б.4.   Слушайте вопросы и отвечайте на них. Дайте полные ответы на вопросы. В ответах используйте слова, приведённые в задании.

Образец: 1   красивые чёрные глаза
— Какие глаза у этой девушки?
— У этой девушки красивые чёрные глаза.

2   прямые длинные волосы
— Какая это девушка?
— Это девушка с прямыми длинными волосами.

Слушайте, выполняйте и проверяйте себя.

1   кудрявые волосы
2   прямой тонкий нос
3   зелёные глаза
4   хорошая фигура
5   маленький красивый рот

——— ———	— У неё <u>есть</u> куртка? — Да, <u>есть</u>. (У неё <u>есть</u> куртка.)
— Какие у неё глаза? — У неё <u>синие</u> глаза.	— Какая у неё куртка? — У неё <u>модная</u> куртка.
——— ———	— У неё <u>есть</u> модная куртка? — Да, <u>есть</u>. (У неё <u>есть</u> модная куртка.)

давайте послушаем

Б.5. * Слушайте микротексты. Вписывайте глагол ЕСТЬ. Там, где вы не слышите этот глагол, ставьте прочерк (—).

1 А: Какие у тебя глаза?

    Б: Какие у меня глаза? Ты что, никогда не обращала внимания? У меня _____ зелёные глаза.

    А: У тебя _____ зелёные глаза? Дай-ка посмотреть… И правда! Какие у тебя _____ красивые глаза! У тебя _____ зелёное платье?

    Б: К сожалению, нет. Но у меня _____ зелёные серьги. И они мне очень идут.

2 А: Пойдём сегодня на дискотеку? У тебя _____ платье?

    Б: Конечно, _____.

    А: Нет. У тебя _____ нарядное платье?

    Б: _____. Но зачем оно на дискотеку? А у тебя _____ джинсы?

    А: _____.

    Б: А какие у тебя _____ джинсы?

    А: Ну как какие? Джинсы как джинсы! Обычные. У меня _____ синие обычные джинсы.

    Б: Нет, у тебя _____ оранжевые джинсы?

    А: Оранжевые? Конечно, нет.

    Б: Ну тогда я с тобой не пойду! Сейчас в моде оранжевые и ярко-зелёные джинсы.

    А: Ярко-зелёные? Неужели! Надо же! Я совсем отстала от жизни!

Б.6. Слушайте вопросы и отвечайте на них. В ответах используйте слова, приведённые в задании.

Образец: чёрный, коричневый

    — У тебя <u>есть</u> ботинки?
    — Да, есть.

    — Какие у тебя ботинки?
    — У меня <u>чёрные</u> ботинки.

    — А коричневые ботинки у тебя есть?
    — Да, у меня <u>есть</u> коричневые ботинки.

Слушайте, выполняйте и проверяйте себя.

1 красный, белый
2 синий, красный
3 серебряные, золотые

сейчас, сегодня завтра, вчера	всегда, обычно иногда, редко…
быть *в чём?* прийти, пойти *в чём?*	носить *что?* ходить *в чём?*
одеваться *как?* быть одетым *как?*	

Б.7. * Слушайте микротексты. Вписывайте пропущенные слова.

1 1 Эта девушка всегда _____ .

   2 Обычно она _____ .

   3 Она _____ .

   4 Обычно она _____ .

   5 Сегодня она _____ .

2 1 Как мы _____ ?

   2 О! Зимой у нас, например, очень холодно. Зимой мы _____
      _____ .

   3 Женщины _____ .

   4 Мужчины тоже _____ .

   5 Но сейчас у нас уже весна. И сегодня я _____
      _____ .

   6 Правда, вчера было ещё холодно. Поэтому вчера я _____
      _____ .

   7 Летом у нас бывает очень жарко. Когда жарко, я обычно _____
      _____ .

   8 Туфли я _____ редко.

3 1 Послушай, Нина, _____ это сегодня Катя?

   2 Посмотри, она _____

     _____ .

   3 Как она _____ !

   4 А _____ это _____ сегодня Вика?

   Какие красивые брюки!

   5 А Лена, посмотри! _____ сегодня Лена?!

   6 Она _____ , как и я. О ужас!

Б.8. Слушайте предложения. Заменяйте конструкцию ХОДИТЬ *В ЧЁМ?* конструкцией НОСИТЬ *ЧТО?*

Образец: Я обычно хожу в джинсах.
            — Я обычно ношу джинсы.

Слушайте, выполняйте и проверяйте себя.

Б.9. Слушайте предложения. Затем слушайте вопросы и отвечайте на них. В ответах используйте слова, приведённые в задании.

Образец: платье Моя мама обычно носит костюмы. А сегодня она в чём?
                    — Сегодня она в платье.

Слушайте, выполняйте и проверяйте себя.

   1 юбка
   2 джинсы
   3 туфли

Б.10. Слушайте предложения. Заменяйте конструкции ХОДИТЬ *В ЧЁМ?* НОСИТЬ *ЧТО?* конструкцией БЫТЬ *В ЧЁМ?* Следите за временем глагола.

Образец: Обычно она ходит в синем пальто. И сегодня...
            — И сегодня она в синем пальто.

Слушайте, выполняйте и проверяйте себя.

Б.11. * Слушайте и читайте предложения. Затем слушайте вопросы и отвечайте на них. В ответах используйте информацию предложения, которое вы прочитали. Пишите свои ответы.

1 Это юбка и блузка.

_____

2 Это костюм и галстук.

_____

3 Это джинсы и майка.

_____

4 Это бусы и серьги.

_____

5 Это рубашка и брюки.

_____

6 Это сапоги и свитер.

_____

7 Это красивое длинное платье и браслет.

_____

8 Это зимняя куртка и тёплый свитер.

_____

кто? с чём? (Мужчина с бородой.)	кто? без чего? (Мужчина без бороды.)
ходить *в чём?* быть *в чём?*	ходить *без чего?* быть *без чего?*
(Обычно он ходит в галстуке, и сегодня он в галстуке.)	(Обычно он ходит без галстука, и сегодня он без галстука.)

Б.12. * Слушайте микротекст. Пишите пропущенные слова.

1 У меня есть знакомый молодой человек. Ему никогда не холодно. Даже зимой он _____.

2   Вот и сегодня, когда на улице −25 °, он _____.

3   Но у него хорошие густые волосы. Он _____.

Может быть, поэтому ему никогда не холодно?

Б.13. Прочитайте образец. Скажите, почему в первом случае вы можете употребить конструкцию *КТО? БЕЗ ЧЕГО?*, а во втором случае эту конструкцию использовать нельзя.

Слушайте вопросы, отвечайте на них отрицательно. Дайте краткие ответы на вопросы. В ответах используйте конструкцию *КТО? БЕЗ ЧЕГО?* Если же нельзя употребить эту конструкцию, используйте конструкцию *КТО? В ЧЁМ?* и слова, приведённые в задании.

Образец: 1 костюм   — Он сегодня в галстуке?
                          — Нет, без галстука.

              2 платье   — Она сегодня в юбке?
                          — Нет, ~~без юбки~~ в платье.

Слушайте, выполняйте и проверяйте себя.

1   пальто
2   платье
3   серьги
4   туфли
5   костюм
6   бусы
7   джинсы
8   платье

Б.14. * Сейчас вы услышите маленькие диалоги. В них речь идёт о людях, которые изображены на картинках на стр. 59. Вам надо прослушать диалог и понять, о ком идёт речь в этих диалогах. Слушайте диалог и ставьте номер картинки.

первый диалог   _____

второй диалог   _____

третий диалог   _____

○ Как лучше выразить?

Б.15. Подчеркните, выделите нужную информацию.

Слушайте и повторяйте.

1 Олег сегодня в кроссовках. (А не Виктор.)
2 Олег сегодня в кроссовках. (А не [был] вчера.)
3 Олег сегодня в кроссовках. (А не в ботинках.)
4 У моей старшей сестры золотые серьги. (А не у твоей.)
5 У моей старшей сестры золотые серьги. (А не у младшей.)
6 У моей старшей сестры золотые серьги. (А не у подруги.)
7 У моей старшей сестры золотые серьги. (А не серебряные.)
8 У моей старшей сестры золотые серьги. (А не браслет.)

Б.16. Слушайте вопросы и отвечайте на них.
В ответе выделяйте ту информацию, которая интересует вашего партнёра по диалогу.

Образец: У неё красивые глаза.

— У кого красивые глаза?
— У неё. У неё красивые глаза.

— Какие у неё глаза?
— Красивые. У неё красивые глаза.

Слушайте, выполняйте и проверяйте себя.

1 Андрей одевается со вкусом.
2 Летом она ходит в лёгком платье.
3 Она хорошо описала эту женщину.
4 Олег вчера был в новой рубашке.

Б.17. Слушайте вопросы и отвечайте на них. В ответах выделяйте ту информацию, которая интересует вашего партнёра по диалогу.

Образец: — Андрей стройный.
— А Николай?
— И Николай стройный.

Слушайте, выполняйте и проверяйте себя.

1 — Олег высокий.
2 — У Наташи модное платье.
3 — Мой друг хорошо одевается.
4 — Наташа полная.
5 — Оля на вечере была в нарядном платье.

Б.18. Слушайте вопросы и отвечайте на них. (Выразите отношения отождествления.)

Образец: — Моя сестра рыжая.
— А твой брат?
— Мой брат <u>тоже</u> рыжий.

Слушайте, выполняйте и проверяйте себя.

1 — У Наташи маленький рот.
2 — Я ношу серьги.
3 — У неё румянец во всю щёку.
4 — Её племянник — кровь с молоком.
5 — Красный цвет мне к лицу.

Б.19. Отвечайте на вопросы. В ответах используйте антонимы.

Образец: — Андрей сутулый.
— А Николай?
— А Николай — стройный.

Слушайте, выполняйте и проверяйте себя.

1 — У Ани низкий лоб.
2 — Катя бледная.
3 — У его мамы тёмные глаза.
4 — У сестры тонкие брови.
5 — У моей старшей сестры длинные волосы.

Б.20. Выразите оценку с помощью предложений с местоименными словами КАКОЙ (КАКАЯ, КАКОЕ, КАКИЕ), КАК.

Слушайте и повторяйте.

1 Какая у неё фигура!
Какая у неё прекрасная фигура!
Какая у неё плохая фигура!

2 Какие у неё волосы!
Какие у неё хорошие волосы!
Какие у неё плохие волосы!

3 Какой у него лоб!
Какой у него высокий лоб!
Какой у него низкий лоб!

4 Как она одевается!
Как она хорошо одевается!
Как она ужасно одевается!

Б.21. Выразите оценку с помощью предложений с местоименными словами. Как вы думаете, какую оценку — положительную или отрицательную — выражают эти предложения? Поставьте около каждого предложения плюс (+) или минус (—). Обсудите затем ваши ответы в группе. Согласны ли с вами ваши коллеги?

Образец: Какие у неё красивые глаза! $+$ _____

Слушайте и повторяйте.

1   Какой у него огромный нос!   _____
2   Какие у неё маленькие глаза!   _____
3   Какое у неё скуластое лицо!   _____
4   Какая она стройная!   _____
5   Какой у неё курносый нос!   _____
6   Какие у неё широкие брови!   _____
7   Какая она худая!   _____
8   Какие у неё полные губы!   _____
9   Какой у неё большой рот!   _____
10   Какой он высокий!   _____

Б.22. Выразите оценку с помощью предложений с местоименными словами КАКОЙ (КАКАЯ, КАКОЕ, КАКИЕ), КАК.

Образец: У неё красивые глаза.
          — Какие у неё красивые глаза!

Слушайте, выполняйте и проверяйте себя.

1   У него прекрасные волосы.
2   У неё ужасное платье.
3   У неё прекрасная фигура.
4   У неё модные туфли.
5   У неё отличный вкус.
6   Она модно одевается.
7   Он безвкусно одевается.
8   Он постарел.
9   Она похудела.

Б.23. Выразите оценку с помощью предложений со словами ТАКОЙ (ТАКАЯ, ТАКОЕ, ТАКИЕ), ТАК.
   Слушайте и повторяйте.

1   У неё такие красивые глаза!
2   У неё такая хорошая фигура!
3   У него такие синяки под глазами!
4   Она такая сегодня нарядная!
5   Он такой сегодня элегантный!

6   Это так ей идёт!

7   Она так хорошо одевается!

8   Он так похудел!

Б.24. Выразите оценку, употребляя слова ТАКОЙ (ТАКАЯ, ТАКОЕ, ТАКИЕ), ТАК.

Образец: У неё красивые глаза.

— У неё такие красивые глаза!

Слушайте, выполняйте и проверяйте себя.

1   У неё хорошие волосы.

2   У него модный галстук.

3   У неё печальные глаза.

4   Она толстая.

5   Она симпатичная.

6   Он высокий.

7   Он поправился.

8   Он пополнел.

9   Она постарела.

10   Она отстала от жизни.

11   Это ей к лицу.

⭕ Как вы понимаете монолог?

Б.25. * Перед тем как слушать монолог, подумайте, что такое ШКОЛЬНАЯ ФОРМА. Если вы не понимаете значение этого словосочетания, посмотрите в словаре.

Прослушайте рассказ учительницы первый раз. Ответьте на вопрос. Ответьте ДА или НЕТ.

Учительнице нравится современная школа? _____

Б.26. * Слушайте рассказ учительницы второй раз. Читайте предложения. Выражайте своё согласие или несогласие с тем, о чём говорится в этих предложениях.

1 *Нет*_____ Анна Сергеевна сейчас работает в школе.

2 _____ Раньше она преподавала в первых классах.

3 _____ Ей очень нравилась её работа.

4 _____ Она считает, что дети сейчас очень изменились.

5 _____ Школьной формой у девочек было коричневое платье.

6 _____ Мальчики раньше ходили в школу в коричневых костюмах.

7 _____ Анна Сергеевна считает, что коричневая форма к лицу каждой девочке.

8 _____ Она считает, что коричневый цвет очень нарядный.

9 _____ Когда жарко, девочки раньше тоже ходили в коричневых платьях.

10 _____ Школьную форму выдавали детям в школах.

11 _____ Сейчас дети одеваются в школу по-разному.

12 _____ Сейчас дети в школу ходят даже в шортах.

13 _____ Анна Сергеевна считает, что дети должны думать не о нарядах, а об учёбе.

14 _____ У Анны Сергеевны есть внучка. Она ходит в школу.

15 _____ Её внучка ходит в школу в форме.

16 _____ Анна Сергеевна спокойно относится к тому, что девочки в школу носят серьги.

17 _____ Раньше девочки тоже могли носить в школу серьги.

18 _____ Анне Сергеевне нравится, когда у девочки три серьги в ухе.

Б.27. * Прослушайте рассказ Анны Сергеевны третий раз. Вы, наверное, поняли, что старой учительнице нравилась школьная форма. А почему ей нравилась школьная форма? Сколько причин вы насчитали? Напишите эти причины.

_____

_____

_____

_____

○ Как вы понимаете диалог?

Б.28. * Прослушайте разговор двух женщин. Ответьте на вопрос. Ответьте ДА или НЕТ.

Вера и Аня раньше знали друг друга?   _____

Б.29. * Слушайте диалог второй раз. Слушайте и читайте предложения. Выражайте своё согласие или несогласие с тем, о чём говорится в этих предложениях.

1 ___*Да*___ Нина подруга Ани.

2 _____ Нина позвонила Ане, чтобы сказать о приезде Веры.

3 _____ Гостиница, где остановилась Вера, в самом центре Москвы.

4 _____ Вера будет ждать Аню в гостинице.

5 _____ Вера называет время, когда ей удобно встретиться.

6 _____ Аня и Вера проведут вместе целый день.

7 _____ Вера высокая.

8 _____ Аня в очках.

9 _____ Аня будет в синей юбке и в белой кофте.

10 _____ Вера тоже будет в юбке и в кофте.

11 _____ Аня рада показать Вере Москву.

12 _____ Вере не очень удобно просить Аню показать ей Москву.

Б.30. * Прослушайте диалог третий раз. Затем слушайте вопросы и отмечайте правильные ответы.

1 а) сестра Ани
   б) соседка Веры
   в) знакомая Ани и Веры

2 а) год
   б) несколько дней
   в) один день

3 а) она никогда не бывала в Москве
   б) она бывала в Москве раньше, но ещё плохо знает город
   в) в Москве живёт её родственница

4 а) рядом с гостиницей
   б) далеко от гостиницы
   в) в гостинице

5 а) около гостиницы
   б) в гостинице
   в) около метро

6 а) в 2 часа
   б) в час
   в) в 4 часа

7 а) она высокая и худая
   б) она высокая и полная
   в) она маленького роста и полная

8 а) она среднего роста с голубыми глазами
   б) она среднего роста с длинными волосами
   в) она маленького роста с чёрными длинными волосами

9 а) она будет в зелёном костюме
   б) она будет в юбке и зелёной кофте
   в) она будет в зелёном платье

давайте послушаем

○ Проверьте себя!

Б.31. Прослушайте рассказ пожилой учительницы ещё раз. Восстановите пропущенные слова и предложения.

Меня зовут Анна Сергеевна. Я уже _____. 40 лет я проработала в школе учительницей.

Я преподавала в начальной школе, в первых классах. Я очень любила свою _____. И дети были _____. Сейчас всё изменилось. Наверное, жизнь _____, и дети поэтому _____ _____ тоже. Да и школа стала совсем другой.

Вот, например, _____. Почему сейчас её нет? Не знаю. Мне очень нравилась _____. Девочки раньше ходили _____, а мальчики носили _____.

Школьная форма, по-моему, это очень _____. Коричневое платье идёт любой _____. И _____, и красиво. Школьная форма была очень _____. Когда холодно, _____ тепло. А когда жарко? А когда жарко, девочки тоже носили _____ _____. Как мальчики. Красиво и удобно.

А главное, школьная форма была _____. Школьную форму можно было купить в любом магазине. И не очень _____. Форму могли купить все _____. У кого много денег, у кого мало денег — _____. А сейчас, посмотрите, в чём сейчас дети _____ _____ ?! Кто джинсах, _____, кто в платье, _____ _____. Слава Богу, что ещё _____ не ходят. Каждый день ребёнок хочет быть в школе _____. Чтобы быть лучше всех, _____. Ну разве это хорошо? Лучше бы _____! А не о нарядах думал! У меня у самой _____. Так каждое утро слёзы. В этой кофте _____, и в этой кофте тоже _____, а в этом платье я уже _____ вчера. Бедные родители! Где взять столько денег!

Да ещё девочки сейчас в школу _____. Раньше бы в серьгах в школу не пустили. А сейчас! Я здесь недавно видела школьницу. Так у неё _____! Три серьги! Представляете?! Какая же это школьница?

Нет, раньше в школе больше было порядка!

66

Б.32. Прослушайте разговор двух женщин — Веры и Ани — ещё раз. Восстановите пропущенные слова и предложения.

(Телефонный звонок. Аня берёт трубку.)

Аня: Алло!

Вера: Здравствуйте, _____ Аню.

Аня: Это Аня.

Вера: О! Здравствуйте, Аня. Меня зовут Вера. Вы меня не знаете. Вы знаете _____, Нину.

Аня: Да, да, конечно.

Вера: Нина писала вам, что я буду _____.

Аня: Да, я получила письмо _____. И в нём она писала о вас. Она написала, что вы хотите немного _____. Конечно, я с удовольствием покажу вам _____.

Вера: Правда? Это не очень _____? Я никогда _____ в Москве. И мне, конечно, очень хочется _____.

Аня: О чём речь! Где вы остановились?

Вера: Я живу сейчас _____ «Москва».

Аня: Прекрасно! Это _____. Где мы с вами встретимся?

Вера: Не знаю, как _____.

Аня: Давайте около входа _____. Вы ведь плохо знаете город. Я приеду прямо _____.

Вера: В котором часу?

Аня: _____? В четыре часа вам удобно?

Вера: Да, конечно. А как я _____? Как вы _____?

Аня: Как я выгляжу? Я _____. У меня короткие светлые волосы. Я _____.

Вера: Как вы будете _____?

Аня: Я буду в синей юбке и _____.

Вера: Прекрасно. А я буду _____. У меня чёрные _____. Я среднего роста. Думаю, что мы обязательно узнаем _____.

Аня: Итак, мы встречаемся сегодня, _____, у входа _____ «Москва». До встречи.

Вера: До свидания.

ЧАСТЬ В. Давайте поиграем!

В.1. Посмотрите на картинки. Опишите внешность людей, которых вы видите. Обсудите со своим партнёром, кто эти люди. Ответьте на вопросы:

1 Эти люди работают? Если да, то где они работают?
2 Какую музыку они любят?
3 Какие у них квартиры? Что в этих квартирах особенного?
4 Какие женщины им нравятся?
5 Что они едят на завтрак?
6 Они любят спорт? Какие виды спорта они любят?
7 А сами они занимаются спортом? Если да, то какими видами спорта они занимаются?
8 У них есть машины? Если да, то какие марки машин они предпочитают?
9 Как и где они отдыхают?

В.2. Расскажите, как одеты люди, которых вы видите на картинках.

Партнёр А смотрит игровое задание № 8.
Партнёр Б смотрит игровое задание № 38.

В.3. Опишите людей, которых вы видите на картинках. Расскажите, кто эти люди.

Партнёр А смотрит игровое задание № 9.
Партнёр Б смотрит игровое задание № 40.

В.4. Вам надо узнать человека по описанию.

        Партнёр А смотрит игровое задание № 7.
        Партнёр Б смотрит игровое задание № 37.

В.5. Вы звоните по телефону и назначаете встречу человеку, которого никогда не видели.

        Партнёр А смотрит игровое задание № 10.
        Партнёр Б смотрит игровое задание № 39.

В.6. Вы рассматриваете «фотографии» и удивляетесь, как изменились люди.

        Партнёр А смотрит игровое задание № 11.
        Партнёр Б смотрит игровое задание № 42.

В.7. Вы описываете человека, с которым не виделись 20 лет. Он почти не изменился за эти годы.

Сегодня к вам пришёл старый знакомый, с которым вы не виделись 20 лет. После окончания университета он работал в другом городе. И всё не было времени встретиться. А сегодня...

    Звонок. Я открываю дверь. Передо мной стоит мой старый-старый знакомый. Мы не виделись с ним тысячу лет. Я его сразу же узнал. Он совсем не изменился.

Опишите вашего знакомого. Употребите следующие конструкции:

        Он <u>такой же худой</u>, <u>как</u> был раньше.

        У него <u>такие (такой, такая, такое) же весёлые</u>
        <u>глаза</u>, <u>как</u> были раньше.

        Он <u>так же</u> быстро <u>говорит</u> и громко <u>смеётся</u>, <u>как</u> раньше.

В.8. Вы описываете человека, с которым не виделись 20 лет. Он очень изменился за эти годы.

Сегодня к вам пришёл старый знакомый, с которым вы не виделись 20 лет. После окончания университета он работал в другом городе. И всё не было времени встретиться. А сегодня...

    Звонок. Я открываю дверь. Передо мной стоит незнакомый человек. «Привет, — говорит он, — ты меня не узнаёшь? Ну и дела!» — «Голос! Какой знакомый голос!» — подумал я, и тут-то я вспомнил. Это был мой старый-старый знакомый. Мы дружили с ним, когда учились в университете.

B.9. В чём плюсы и минусы специальной одежды?

Партнёр А смотрит игровое задание № 15.
Партнёр Б смотрит игровое задание № 46.

B.10. Узнайте по описанию коллегу из вашей группы.

Вы даёте брачное объявление в газету. Что это такое? Вы не слышали? Если девушка хочет познакомиться с молодым человеком, а юноша хочет познакомиться с девушкой, то они могут дать объявление в газету.

Пусть каждый из вас возьмёт кусочек бумаги и напишет своё имя. Сложите эти бумажки, чтобы не было видно, что на них написано.

Соберите все бумажки и перемешайте их.

А теперь каждый берёт одну бумажку и читает имя. Но делайте это тихо, про себя. Чтобы никто не знал, чьё имя у вас написано на бумажке.

Теперь вы — тот человек, чьё имя написано у вас на бумажке.

Напишите о себе:
какой (какая) вы, сколько вам лет, как вы выглядите, как одеваетесь, что вы любите, что не любите и т. д.
И, конечно, напишите, с кем вы хотите познакомиться.

Например:

Меня зовут Аня. Мне 20 лет. Я высокая и стройная. Я самая красивая девушка в этом городе. У меня карие глаза, маленький короткий нос. Я увлекаюсь русским языком и теннисом.
Я хочу познакомиться с молодым человеком. Не старше 25 лет. Высокого роста, со спортивной фигурой. Конечно, красивым. Я хочу, чтобы у него был дом на море, много денег и хорошая работа. Если ты такой, звони: 935-65-29.

Соберите все объявления вместе.
Прочитайте, что написано в этих объявлениях.

Вы поняли, о ком идёт речь в объявлении, которое вы услышали?

B.11. Вы описываете и рисуете «людей», которые прилетели из космоса, с других планет.

Партнёр А смотрит игровое задание № 16.
Партнёр Б смотрит игровое задание № 45.

В.12. * Как вы думаете, что это значит? Составьте русскую пословицу и связные словосочетания.

Партнёр А смотрит игровое задание № 14.
Партнёр Б смотрит игровое задание № 43.

Часть Г. Это может быть интересно всем!

1 Как выглядят мужчины и женщины в стране, где вы живёте?
        (Какие лица типичны для людей вашей национальности?)
2 Каким должен быть человек, за которого вы хотите выйти замуж
        (на котором вы хотите жениться)?
3 Как в вашей стране одеваются летом,
        весной,
        зимой,
        осенью?
4 В чём вы обычно ходите в университет,
        в театр,
        на работу?
5 Что сейчас в моде у женщин?
6 Что сейчас модно у мужчин?
7 Можно ли о человеке судить по его одежде? Если да, то почему?
8 Как должен одеваться преподаватель?
9 Как вы думаете, в чём плюсы и минусы моды?

ЧАСТЬ А. Давайте поговорим!

Знаете ли вы?

А.1. * Посмотрите на картинки.

Прочитайте слова. Поставьте номер картинки около слов, которые соответствуют этой картинке.

1 _____ многоэтажный   2 _____ палатка
многоквартирный
жилой   3 _____ дача
дом
                             4 _____ коттедж

⬭ А как у вас?

А.2. Ответьте на вопросы преподавателя.

1　Какие дома типичны для вашего города?

2　Какие дома стоят в вашем городе в центре, а какие дома строятся в пригороде?

3　Как вы думаете, чем отличается коттедж от дачи?

4　В каком доме вы живёте?

5　Что такое в вашей стране «дом со всеми удобствами»?

6　У вас есть собственный дом? А у ваших родителей?

7　Квартира, в которой вы сейчас живёте, принадлежит вам или вы её снимаете?

8　В вашей стране дорого купить собственный дом или собственную квартиру?

9　Студенты вашего университета обычно снимают квартиры или живут в общежитии?

10　Жили ли вы когда-нибудь в палатке? Если да, то когда?

11　Если вы бываете за городом, где вы обычно останавливаетесь?

СЛОВАРЬ

СЛОВА И ВЫРАЖЕНИЯ		
дом многоэтажный, многоквартирный, жилой, собственный		
дом со всеми удобствами: газ, электричество, горячая вода, отопление, телефон		
квартира однокомнатная, двухкомнатная		
этаж		(жить на втором этаже)
пригород		(жить в пригороде)
за городом		(жить за городом, на даче)
тесно		
принадлежать	кому?	(дом принадлежит родителям)
получать получить	что?	(получить квартиру)
покупать купить	что?	(купить дом)
снимать снять	что?	(снимать комнату)

переезжать переехать	*куда?*	(переехать в новый дом)
бывать	*где?*	(бывать за городом)
приходится приходилось пришлось придётся	*кому? что делать?*	(Нам пришлось переехать в новый дом.)

СВЯЗНЫЕ СЛОВОСОЧЕТАНИЯ	жить у чёрта на рогах не ближний свет *что делать?* нет сил в двух шагах; рукой подать *что? кому?* не по карману
СЛОВА ДЛЯ СПРАВОК	Митино — новый район Москвы.

⊂ Это интересно, но почему вы так думаете?

А.3. Отметьте в правом столбике слова, которые вы ассоциируете с новыми словами, и придумайте предложения. Например:

море	волейбол, гулять, купаться

Я люблю играть в волейбол на море.
Мы всегда гуляем вечером у моря.
На каникулах я купался в море.

многоэтажный дом	соседи, горы, шумно
дача	лес, птицы, река
принадлежать	дом, снимать, сад
снимать квартиру	соседи, музыка, друг
покупать дом	деньги, выбирать, неудачно
получать квартиру	трудно, большая семья, государство
переезжать	лес, машина, новый город
пришлось	я должен, я хочу, мне нравится
тесно	много, мебель, разговаривать
собственный дом	тихо, заниматься, большая семья
коттедж	богатый, зима, гулять
дом со всеми удобствами	удобно, тепло, телефон
в пригороде	город, машина, спорт
за городом	пение птиц, рассвет, поезд

⛾ ЧАСТЬ Б. Давайте послушаем!

⊙ Как вы запомнили новые слова?

Б.1. * Слушайте микротексты, вписывайте пропущенные слова.

1 1 Когда я вышла замуж, мы жили вместе с родителями. Но жить вместе было очень _____.

 2 Поэтому нам _____ снимать квартиру.

 3 Но _____ в Москве очень дорого.

 4 В прошлом году мы _____ новую квартиру.

 5 Мы _____ в новый десятиэтажный дом.

 6 Конечно, сейчас мы живём далеко от центра, почти _____ Москвы.

 7 Но мы с мужем очень довольны. Рядом, _____, замечательный парк.

 8 _____ река. Место отличное!

2 1 Летом наши дети живут на даче, _____.

 2 Дача _____ родителям мужа.

 3 Дача тёплая, _____.

 4 Там есть _____, вода, даже _____.

 5 Но ездить на дачу очень неудобно. Конечно, надо покупать машину. Но машина _____ сейчас _____.

Б.2. * Прослушайте микротексты. Напишите одно или два связных словосочетания, которые можно употребить в данных микротекстах.

 1 _____

 2 _____

 3 _____

 4 _____

○ Помните ли вы грамматику?

1) ИДТИ   куда?   Я иду в парк.
                 ⟶

   ХОДИТЬ   куда?
   а)   ⟹   Я часто хожу в парк.
            ⟸   (= Я часто бываю в парке.)

   б)   ⇄   Вчера я ходил в парк.
                           (= Вчера я был в парке.)

2) идти куда? ходить куда?	быть где? бывать где?
в университет (В + вин. падеж)	в университете (В + предл. падеж)
на дачу (НА + вин. падеж)	на даче (НА + предл. падеж)
к маме (К + дат. падеж)	у мамы (У + род. падеж)
домой	дома
за город	за городом
в гости	в гостях

Б.3. * Слушайте предложения. Пишите предлоги В, НА, У, К.

1 Мы живём _____ Митине.

2 Они работают _____ центре.

3 Кто-то разговаривает _____ третьем этаже.

4 Нам тесно _____ однокомнатной квартире.

5 Их дом _____ новом районе.

6 Мои родители живут _____ пригороде.

7 Я часто езжу _____ родителям.

8 Я редко бываю _____ своей подруги.

9 Сейчас я еду _____ дачу _____ сестре.

10 Приезжайте _____ нам _____ гости.

ДОМ

Б.4. Слушайте предложения и отвечайте на вопросы. В ответах используйте глаголы ИДТИ, ЕХАТЬ, ХОДИТЬ, ЕЗДИТЬ.

Образец: Он живёт в центре.
— Куда он сейчас едет?
— Он едет в центр.

Слушайте, выполняйте и проверяйте себя.

Б.5. Слушайте предложения и отвечайте на вопросы. В ответах используйте глаголы БЫТЬ или БЫВАТЬ.

Образец: Вчера он ездил в центр.
— Где он вчера был?
— Вчера он был в центре.

Слушайте, выполняйте и проверяйте себя.

Б.6. Отвечайте на вопросы. В ответах используйте слова, приведённые в задании.

Образец: они, дача — Куда вы едете?
— К ним на дачу.

Слушайте, выполняйте и проверяйте себя.

1 он, гости
2 она, концерт
3 вы, почта
4 ты, университет
5 она, больница
6 мы, гастроном
7 ты, офис
8 они, стадион
9 она, поликлиника
10 они, театр
11 она, новая квартира
12 он, дача

○ Как лучше выразить?

Б.7. Уточните значения предложений.

Обратите внимание: чтобы уточнить нужную вам информацию, вы можете выделить слово (или словосочетание) в отдельное предложение.

Например: Парк рядом. В двух шагах.

Слушайте и повторяйте.

1 Парк рядом. В двух шагах.
2 Она приехала из другого города. Из Киева.
3 Университет рядом. Рукой подать.

4 Наша дача хорошая. Со всеми удобствами.

5 Снимать квартиру очень дорого. Мне не по карману.

6 Мы купили квартиру далеко. Почти в пригороде.

Б.8. Составьте микротекст. Уточняйте значения предложений, которые вы слышите. Для уточнения используйте слова и выражения, приведённые в таблице. Вычёркивайте слова, которые вы употребили.

~~месяц назад~~	всей семьёй	рукой подать	на даче
год назад	папе и маме	больше часа	

Образец: Мы купили дачу недавно.
         — Мы купили дачу недавно. Месяц назад.

Слушайте, выполняйте и проверяйте себя.

Б.9. Уточняйте значения предложений.

Слушайте и повторяйте.

1 У нас есть собственный дом. За городом.

2 До работы я еду больше часа. На автобусе.

3 Летом они снимают дачу. Небольшую.

4 Они переедут на новую квартиру. Совсем скоро.

5 Мы сняли дачу. Совсем недорого.

6 Мы живём в десятиэтажном доме. На Тверской улице.

Б.10. Слушайте и читайте предложения. Выделяйте подчёркнутые слова в отдельное предложение.

Образец: — Мы часто ходим <u>в наш лес</u> за грибами.
         — Мы часто ходим за грибами. В наш лес.

Слушайте, выполняйте и проверяйте себя.

1 Вчера я ездил <u>к своему другу</u> за город.

2 Днём мы пошли <u>купаться</u> на реку.

3 С нами пошла его <u>старшая</u> сестра.

4 Когда мы пришли на реку, пошёл <u>очень сильный</u> дождь.

5 Нам пришлось <u>сразу же</u> вернуться.

Б.11. Выразите удивление с помощью выражений ДА ЧТО ТЫ! НЕУЖЕЛИ?! Слушайте и повторяйте ответные реплики диалога.

1 — Они купили дом.
   — Да что ты! Неужели?!

2 — Они переехали на новую квартиру.
   — Да что ты! Неужели?!

78

3 — Она не поступила в университет. Представляешь?!
   — Да что ты! Неужели?!

Б.12. Выразите удивление с помощью выражений ДА ЧТО ТЫ! НЕУЖЕЛИ?!

Образец: — Ты разве не знаешь, он ездил в Париж.
             — Да что ты! Неужели?!

Слушайте, выполняйте и проверяйте себя.

1 — Ты разве не слышал, они поженились.
2 — Ты разве не знаешь, она вышла замуж.
3 — Ты разве не слышал, она умерла.
4 — Ты разве не читал, в музее Пушкина новая выставка.
5 — Ты разве не знаешь, они развелись. Представляешь?!
6 — Ты разве не видел, она покрасила волосы в зелёный цвет. Представляешь?!

Б.13. Выразите оценку с помощью выражений НИЧЕГО! ТАК СЕБЕ!

Слушайте и повторяйте.

1 — У них хороший дом?
   — Ничего! Так себе!

2 — Тебе понравился фильм?
   — Ничего! Так себе!

3 — Весело было на вечере?
   — Ничего! Так себе!

Б.14. Выразите оценку с помощью выражений НИЧЕГО! ТАК СЕБЕ!

Образец: — У них хорошая квартира?
             — Ничего! Так себе!

Слушайте, выполняйте и проверяйте себя.

1 — Тебе нравится книга?
2 — Тебе понравился спектакль?
3 — Хорошая экскурсия?
4 — Интересный спектакль?
5 — У неё красивое платье?
6 — Трудный экзамен?

○ Как вы понимаете монолог?

Б.15. * Сейчас вы услышите рассказ студентки. Прослушайте этот рассказ первый раз. Ответьте на вопросы. Ответьте ДА или НЕТ.

1 Нине нравилось жить в общежитии? _____

2 Нине нравится жить в квартире? _____

Б.16. * Слушайте рассказ Нины второй раз.
Читайте предложения. Выражайте своё согласие или несогласие с тем, о чём в них говорится.

1 _**Нет**_ Нина москвичка.

2 _____ Нина жила в общежитии, потому что ей нравилось жить в общежитии.

3 _____ Она жила в общежитии 2 года.

4 _____ В общежитии с ней вместе жили 3 девушки.

5 _____ Комната в общежитии была маленькая.

6 _____ Нина снимает квартиру уже три года.

7 _____ Квартира, которую снимает Нина, маленькая.

8 _____ Дом, в котором Нина снимает квартиру, в двух шагах от университета.

9 _____ Нина любит гулять в парке.

10 _____ Нина едет до университета 40 минут.

11 _____ На следующий год Нина хочет снять другую квартиру.

12 _____ Сейчас Нина студентка четвёртого курса.

Б.17. * Прослушайте рассказ студентки третий раз. Напишите, о каких минусах и плюсах жизни в общежитии и в квартире рассказала Нина.

1 Какие плюсы и минусы жизни в общежитии?

плюсы _____

_____

_____

минусы _____

_____

_____

2 Какие плюсы и минусы жизни в квартире?

плюсы _____

_____

_____

минусы _____
_____
_____

○ Как вы понимаете диалог?

Б.18. * Прослушайте диалог первый раз. Ответьте на вопрос. Ответьте ДА или НЕТ.

Андрей и Катя давно знакомы? _____

Б.19. * Слушайте диалог второй раз. Читайте предложения, выражайте своё согласие или несогласие с тем, о чём в них говорится.

1 *Да* _____ Андрей и Катя давно не виделись.

2 _____ Район Митино — это очень близко от центра.

3 _____ Квартиру в Митине купили для Кати её родители.

4 _____ Мама и папа живут сейчас в старом районе.

5 _____ В старой квартире жило 6 человек.

6 _____ Сыну Кати 5 лет.

7 _____ Мама и папа Кати сейчас живут в двухкомнатной квартире.

8 _____ Катина квартира на шестом этаже.

9 _____ Кате очень нравится её новая квартира.

10 _____ Катя и её муж не купили большую квартиру, потому что у них на неё не было денег.

11 _____ Кате нравится место, где находится её новый дом.

12 _____ Около нового дома Кати находится парк.

13 _____ До работы Катя едет только на автобусе.

14 _____ Андрей и Катя встретились в центре.

15 _____ Андрей хочет приехать к Кате в гости.

Б.20. * Слушайте вопросы. Отмечайте правильные ответы.

1   а) в центр
    б) в новый район
    в) в другой город

2   а) больше часа
    б) час
    в) меньше часа

3 а) на метро
   б) на автобусе и на метро
   в) на троллейбусе

4 а) жить с родителями тесно
   б) муж Кати часто ссорился с её родителями
   в) Катя хотела жить в новом районе

5 а) год назад
   б) пять лет назад
   в) три года назад

6 а) в Митине
   б) в центре
   в) за городом

7 а) больше трёх лет
   б) меньше трёх лет
   в) видел недавно

8 а) в кафе
   б) в гости в Митино
   в) в гости к родителям

Б.21. * Прослушайте диалог третий раз. Вы, наверное, поняли, что Андрей услышал от Кати много нового. Он узнал 8 новостей. А услышали ли их вы? Напишите, что нового узнал Андрей из разговора с Катей.

1 _____
2 _____
3 _____
4 _____
5 _____
6 _____
7 _____
8 _____

○ Проверьте себя!

Б.22. Прослушайте рассказ студентки ещё раз. Восстановите пропущенные слова и предложения.

Меня зовут Нина. Я приехала _____ из другого города. И поэтому мне надо было или жить _____, или _____. Денег у меня было мало.

Откуда? Студентка! Да ещё первый курс! И я решила пожить в общежитии. Со мной _____ жили ещё три девушки. Жить вместе _____ _____. Комната большая. Она хоть и большая, но жить _____, вместе, очень тяжело. Представляете? Одна хочет заниматься, другая музыку слушать, а если я хочу спать? Что делать? Нет, такая жизнь _____. Конечно, университет рядом, _____. Это _____! Но жить вместе, вчетвером! _____!

На второй год я переехала из общежития. Я сняла _____ _____. Однокомнатную. Маленькую, но очень удобную. Конечно, дорого. Но _____. Немножко родители помогают. Квартира недалеко от университета. _____ мне ехать недолго, минут двадцать. _____. А остановка автобуса совсем близко от дома. _____. Рядом с домом парк. Я часто там гуляю. Иногда даже занимаюсь. Беру книги, что-нибудь из еды и иду _____. Вот и сейчас я иду из парка. Снимаю _____ уже второй год. Думаю, что и на следующий год останусь здесь же.

Б.23. Прослушайте диалог ещё раз. Восстановите пропущенные слова и предложения.

Андрей: Катя, привет! Что-то _____.

Катя: О! Андрей! Привет! _____, мы переехали.

Андрей: _____! Неужели?! Куда?

Катя: В Митино.

Андрей: В Митино? _____!

Катя: К сожалению, да, не _____. Но что делать? _____ самим.

Андрей: Самим?! _____!

Катя: А что делать? Пришлось купить. Жить вместе с родителями _____. Пять человек в маленькой двухкомнатной квартире!

Андрей: _____? А почему пять?

Катя: _____? У меня сыну уже три года.

Андрей: Да что ты! _____! У тебя сын? _____! Поздравляю! Тогда, конечно, в одной квартире вам было очень _____.

Катя: Сейчас мама и папа остались здесь, в центре, а мы переехали.

Андрей: Квартира хорошая?

Катя: _____! Двухкомнатная, но очень маленькая. Большая квартира нам _____, уж очень дорого. Квартира _____. Нам с мужем очень нравится место, где стоит наш дом. Рядом лес. Совсем близко. _____. Правда, мне далеко до работы. Я еду больше часа. На автобусе, потом на метро.

Андрей: Ты часто _____?

Катя: Да, я езжу _____. Будет время, приезжай _____ в Митино _____. Познакомлю тебя со своим сыном.

Андрей: С удовольствием.

ЧАСТЬ В. Давайте поиграем!

В.1. Составьте диалог. Олег разговаривает с Машей. Вопросы Олега с левой стороны, ответы Маши — с правой. Расположите ответы Маши в нужном порядке.

1 — Где ты живёшь?	____	— Одна.
2 — Ты живёшь одна или с родителями?	____	— Не еду, а иду. Минут десять.
3 — Это твоя квартира, или ты её снимаешь?	1	— Недалеко от университета.
4 — Квартира большая?	____	— В общем, да. Комната маленькая, но уютная. А главное, недалеко от университета.
5 — Но тебе она нравится?	____	— Снимаю.

6 — Сколько времени ты
едешь до университета? _____ — Большая?! Ну что ты!
Одна маленькая комната и
кухня.

7 — Сколько-сколько?
Десять минут? Неужели?
Вот это здорово! А ты
хочешь, чтобы у тебя был
свой собственный дом? _____ — О! Конечно! Где-нибудь в лесу.
Чтобы было тихо. Много
цветов. А рядом обязательно
должна быть река.
Я очень люблю плавать.

Прочитайте диалог с партнёром.
А теперь один из вас Олег. Он задаёт вопросы.
Его партнёр даёт реальные ответы.

В.2. Поговорите друг с другом.

Партнёр А смотрит игровое задание № 17.
Партнёр Б смотрит игровое задание № 47.

В.3. В чём плюсы и минусы жизни в многоквартирном доме и в отдельном коттедже?

Партнёр А смотрит игровое задание № 18.
Партнёр Б смотрит игровое задание № 48.

Часть Г. Это может быть интересно всем!

Обсудите в группе следующие вопросы:

1 Можно ли в вашей стране получить квартиру? Если да, то при каких условиях?
2 Дорого ли в вашей стране купить квартиру? А коттедж? Где в вашем городе квартиры или дома стоят дешевле?
3 Помогает ли ваше государство в получении квартир? Посмотрите в словаре выражение «купить в кредит». Скажите, часто ли в вашей стране квартиры покупают в кредит? На каких условиях можно купить квартиру в кредит?
4 Помогает ли государство многодетным семьям в получении квартир?
5 Когда обычно в вашей стране молодые люди начинают жить отдельно от родителей?
6 Студенты университета, где вы учитесь, обычно живут в общежитии или снимают квартиры?
7 Хорошее ли в вашем университете общежитие? Сколько человек обычно живёт в комнате?
8 Можно ли в вашем общежитии держать кошек, собак или других домашних животных?
9 Есть ли в вашей стране специальные дома, где живут старые люди («дома для престарелых»)? Что это за дома? Кто в них живёт?

В ДОМЕ

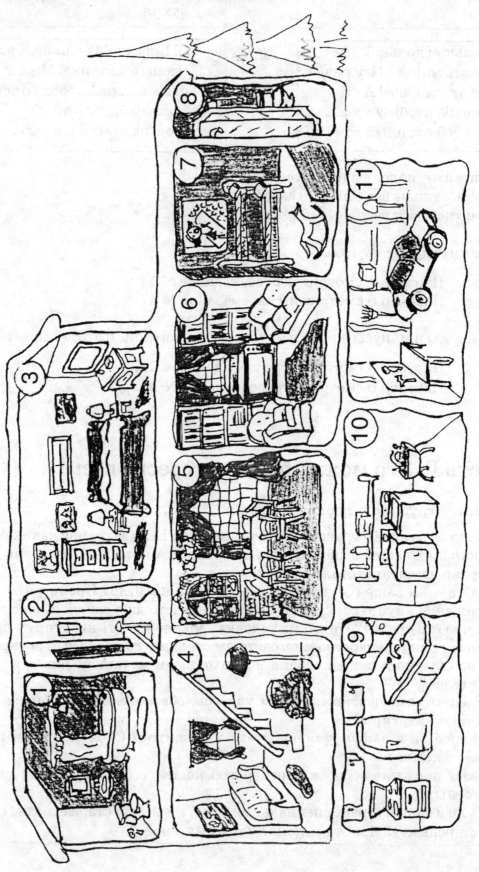

△ ЧАСТЬ 1. Давайте поговорим!

⊝ Знаете ли вы?

А.1. * Посмотрите на картинки.

Прочитайте слова. Поставьте номер картинки около слов, которые соответствуют этой картинке.

1 _____	первый этаж	8 _____	холл
2 _____	второй этаж	9 _____	душ
3 _____	подвал	10 _____	гостиная
4 _____	ванная	11 _____	спальня
5 _____	гараж	12 _____	детская
6 _____	кухня	13 _____	столовая
7 _____	коридор	14 _____	комната для стирки белья

⊝ А как у вас?

А.2. Ответьте на вопросы преподавателя.

1 Какая у вас квартира?

2 Сколько в ней комнат?

3 Где вы обычно завтракаете, обедаете и ужинаете?

4 Ваша семья часто собирается за обеденным столом? Когда это бывает?

5 Где находится в вашем доме кухня? Она большая или маленькая?

6 Вы любите готовить? Обычно вы сами готовите еду или покупаете уже готовую еду в магазине?

7 В вашей квартире есть ванная? Вам больше нравится мыться под душем или в ванной?

8 Где вы обычно стираете бельё?

9 Какое у вас в квартире освещение?

10 Что в вашей комнате висит на окнах — занавески или жалюзи? Что вам больше нравится?

11 В вашем доме есть гараж? Где он находится?

12 Когда вы последний раз делали ремонт в своей квартире? Кто его делал?

СЛОВАРЬ

СЛОВА И
ВЫРАЖЕНИЯ

<u>столовая, гостиная</u>
обеденный стол, стулья, буфет, диван, кресло, ковёр, занавески, жалюзи, журнальный столик, книжный шкаф, книжные полки, люстра, торшер

<u>спальня</u>
кровать, тумбочка, комод, настольная лампа

<u>кухня</u>
газовая плита, электрическая плита, раковина

<u>ванная</u>
ванна, душ, кран горячей и холодной воды

<u>комната для стирки белья</u>
стиральная машина, машина для сушки белья

<u>коридор</u>
звонок, вешалка

<u>холл</u>

хозяин, хозяйка
ремонт   (делать ремонт)

встроенный стенной шкаф
замечательный
отвратительный
прекрасный
старинный
тесный
чудесный
ужасный
уютный
удобный

уютно
удобно

изменяться
измениться

заменять   *что? на что?*   (заменить газовую плиту
заменить   *чем?*   на электрическую)

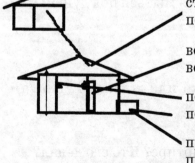

строить   *что?*   (Мы построили дом.)
построить

встраивать   *что?*   (Мы встроили шкаф.)
встроить

перестраивать   *что?*   (Мы перестроили первый
перестроить   этаж.)

пристраивать   *что?*   (Мы пристроили гараж.)
пристроить

откуда? открывается прекрасный вид *на что?*
(Отсюда открывается прекрасный вид на горы.)
дверь, лестница ведёт *куда?*
(Лестница ведёт на второй этаж.)
окна выходят *куда?*
(Окна моей комнаты выходят на юг, во двор.)
сделать ремонт
(Мы сделали ремонт в доме.)
кровать в два этажа

○ Это интересно, но почему вы так думаете?

А.3. Отметьте в правом столбике слова, которые вы ассоциируете с новыми словами, и придумайте предложения. Например:

море	волейбол, гулять, купаться

Я люблю играть в волейбол на море.
Мы всегда гуляем вечером у моря.
На каникулах я купался в море.

гостиная	вечером, смотреть телевизор, гости
спальня	спать, уютно, ночь
кухня	готовить, пожар, кошка
душ	мыться, зеркало, вечер
люстра	гости, мебель, читать
столовая	вилки, светло, мебель
коридор	шкаф, тесно, вешалка
ванная	горячая вода, умываться, зеркало
буфет	стеклянный, чашки, гости
старинный	магазин, деньги, часы
удобно	метро, туфли, идти пешком
уютный	дом, вечером, родители
комод	бельё, старинный, зеркало
кровать	сестра, удобный, тумбочка
занавески	окно, вечер, жалюзи
электрическая плита	пироги, быстро, бабушка
хозяйка	уютно, вспоминать, мама
холодильник	мясо, маленький, удобно
изменяться	моя подруга, университет, медленно
делать ремонт	лестница, папа, ванная
перестраивать	дом, тесно, удобно
заменить	душ, удобный, много лет
чудесный вид	океан, красиво, мечтать
вешать	рубашка, вешалка, вечером
класть	книги, салат, гости
окна выходят на юг	солнечно, кондиционер, жалюзи

ЧАСТЬ Б. Давайте послушаем!

Как вы запомнили новые слова?

Б.1. * Слушайте микротексты, вписывайте пропущенные слова.

1   1   В нашей квартире три комнаты: _____

моих родителей и моя комната.

2   Когда вы входите в квартиру, вы попадаете в небольшой _____.

3   В холле три двери. Одна _____, другая —

_____.

4   Третья дверь — это дверь _____.

5   В гостиной у нас очень _____.

6   В ней всегда светло, потому что окна гостиной _____.

7   Из окна гостиной _____ на город.

8   Мы любим, когда в комнатах много света, поэтому кроме _____

по вечерам мы зажигаем ещё и _____.

9   Посредине комнаты стоит _____.

10   Около окна стоит _____.

11   Слева от него — _____.

12   В углу — _____, на котором стоит телевизор.

13   По вечерам вся семья собирается _____.

14   Моя мама прекрасная _____.

15   Вот и сейчас она что-то готовит _____. И мы с отцом

с нетерпением ждём ужина.

2   1   Летом мы сделали в квартире _____.

2   После ремонта в нашей квартире многое _____.

3   Ну, например, мы сделали _____.

4   Это очень _____. Сейчас в квартире стало намного больше

места.

90

5 Мы _____ на кухне.

6 Заменили _____.

7 В спальню мама купила новые _____, и папа

   повесил новую _____.

8 В ванной мы _____ душ.

9 Теперь нашу _____. Приходите в гости.

   Будем рады.

Б.2. * Слушайте микротексты. Вписывайте пропущенные глаголы ПОСТРОИТЬ, ПЕРЕСТРОИТЬ, ВСТРОИТЬ, ПРИСТРОИТЬ.

1 Мои родители в этом году закончили строить дачу. Они _____

   дачу недалеко от Москвы.

2 Второй этаж моего дома мне очень не нравится. На втором этаже две

   неудобные комнаты. Я решил сделать одну, но большую. _____

   второй этаж я буду летом.

3 Мне очень нравятся встроенные шкафы. И я обязательно _____

   один такой шкаф в спальне.

4 Наша дача очень маленькая, и я решил к дому _____ ещё

   одну комнату.

Б.3. * Слушайте микротексты. Прослушав один микротекст, напишите глагол СТРОИТЬ с приставкой, который можно употребить в этом микротексте. Затем слушайте следующий микротекст и т. д.

1 _____

2 _____

3 _____

4 _____

davайте послушаем

○ Помните ли вы грамматику?

где?		куда?
здесь/там		сюда/туда
справа/слева	*от чего?*	направо/налево
недалеко/далеко	*от чего?*	
впереди/позади	*от чего?*	вперёд/назад
у	*чего?*	*к чему?*
около	*чего?*	
рядом	*с чем?*	
напротив	*чего?*	
посредине	*чего?*	

Б.4. * Слушайте микротекст. Вписывайте пропущенные слова.

1 В моей комнате _____ стоит диван.

2 _____ — журнальный столик.

3 _____ лежат журналы и газеты.

4 _____ стоит мой письменный стол.

5 _____ стоят книжные полки.

6 _____ я кладу свои учебники.

7 _____ лежит ковёр.

8 А на ковре,_____, как всегда, лежит моя собака.

9 Вечерами она приходит _____, ложится _____,
и мы вместе смотрим телевизор.

Б.5. * Слушайте микротекст. Заменяйте наречия антонимичными наречиями.
Пишите их.

Образец: Я часто езжу <u>сюда</u>. — Я часто езжу <u>туда</u>.

1 Это мой дом. _____я живу.

2 _____ мы переехали недавно. Место чудесное!

3 Если вы хотите немного погулять, идите _____.

4 _____ от дома, в двух шагах, замечательный парк.

5 Но я вам советую идти _____.

6 _____, совсем рядом, небольшое озеро.

7 _____ дома небольшой сад.

92

8   Я люблю ходить _____ по вечерам.

9   Бывать _____ для меня большое удовольствие.

10 Все цветы, которые _____ растут, посадили мы сами.

где?	куда?	
лежать	класть положить	что?
стоять	ставить поставить	что?
висеть	вешать повесить	что?
сидеть	садиться сесть	
стоять	вставать встать	
лежать	ложиться лечь	

Б.6. * Слушайте микротекст. Пишите пропущенные глаголы.

1   Вчера я купил картину. Я решил _____

над комодом.

2   Я принёс лестницу и _____ .

3   Я _____, вбил гвоздь и _____

_____ .

4   Когда я _____ и

_____ , пришёл мой брат.

5   Я _____ , и мы _____

обедать.

6   Мы _____ и обедали, когда пришёл мой отец.

7   Отец сказал, что картина _____ очень высоко.

8   Я опять взял лестницу и перевесил картину. Теперь картина _____

хорошо.

9   Когда вся семья вечером _____ и смотрела

фильм, картина с грохотом упала.

10 Я _____ .

11 Но _____ она _____ плохо: её там совсем
не было видно.

12 Тогда я _____ .

13 Теперь картина _____ .

14 Когда я _____ , я иногда
смотрю на картину и думаю: «Какую хорошую картину я купил!»

Б.7. Слушайте предложения. Прослушав каждое предложение, в паузу
поинтересуйтесь, кто поставил, положил или повесил вещь, о которой говорится
в предложении.

Образец: Ваза стоит на столе.
— Кто поставил вазу на стол?

Слушайте, выполняйте и проверяйте себя.

Б.8. Слушайте предложения. Вам не нравится, что какая-то вещь в комнате стоит,
лежит или висит не на месте. Попросите переставить, переложить или перевесить
эту вещь. При ответе используйте слова, приведённые в задании.

Образец: шкаф   Книги лежат на столе.
— Положи книги в шкаф.

Слушайте, выполняйте и проверяйте себя.

1 письменный стол
2 книжная полка
3 буфет
4 шкаф
5 угол

○ Как лучше выразить?

Б.9. Выразите оценку. Слушайте и повторяйте.

1 Какая у них квартира!
Какая у них хорошая квартира!
Какая у них ужасная квартира!

2 Какая у них мебель!
Какая у них замечательная мебель!
Какая у них отвратительная мебель!

3 Какой у них вид из окна!
Какой у них прекрасный вид из окна!
Какой у них ужасный вид из окна!

4   Какой он чудесный человек!
5   Какой он скучный человек!

Б.10. Выразите оценку. Употребляйте предложения с местоименным словом **КАКОЙ**.

Образец: Вам нравятся у неё книжные полки.
              — Какие у неё книжные полки!

Слушайте, выполняйте и проверяйте себя.

1   Вам нравится у них новый дом.
2   Вам нравятся у них стенные шкафы.
3   Вам нравится у них стиральная машина.
4   Вам не нравятся у них картины.
5   Вам не нравится у него гараж.
6   Вам не нравится у них люстра.

Б.11. Выразите оценку. Употребляйте предложения с местоименным словом **КАКОЙ** и оценочными словами **ЧУДЕСНЫЙ** или **УЖАСНЫЙ**.

Образец: Вам нравится у них дом.
              — Какой у них чудесный дом!

Слушайте, выполняйте и проверяйте себя.

1   Вам нравится у них буфет.
2   Вам нравятся у неё занавески.
3   Вам нравится у них вид из окна.
4   Вам не нравится у него машина.
5   Вам не нравится у них люстра.

Б.12. Выразите оценку.

Слушайте и повторяйте ответные реплики диалогов.

1   — Мы купили новую машину.
     — Здорово!
       Как здорово! Как это здорово!
       Вот здорово! Вот это здорово!

2   — У нас сгорел дом!
     — Ужасно!
       Как ужасно! Как это ужасно!

Б.13. Выразите оценку. Сейчас вы услышите пять микротекстов. После каждого микротекста выражайте свою оценку с помощью конструкций **КАК ЭТО ЗДОРОВО!** или **КАК ЭТО УЖАСНО!**

Образец: — Ты слышал новость? Я летом еду в Нью-Йорк!
              — Как это здорово!

Слушайте, выполняйте и проверяйте себя.

Б.14. Выразите оценку с оттенком удивления.

Слушайте и повторяйте ответные реплики диалогов.

1 — Они купили коттедж в пригороде Москвы.
   — Здорово! Вот это да-а-а!

2 — Она вышла замуж. Муж старше её на двадцать лет.
   — Ужасно! Вот это да-а-а!

3 — Они выиграли 10 тысяч долларов!
   — Здорово! Вот это да-а-а!

Б.15. Выразите оценку с оттенком удивления, употребляя конструкции ЗДОРОВО! ВОТ ЭТО ДА-А-А! или УЖАСНО! ВОТ ЭТО ДА-А-А!

Образец: — Представляешь? Она потеряла сумку с деньгами!
   — Ужасно! Вот это да-а-а!

Слушайте, выполняйте и проверяйте себя.

Б.16. Выразите удивление-возражение.
Слушайте и повторяйте ответные реплики диалогов.

1 — У вас в квартире совсем нет шкафов.
   — Ну что ты! Как же нет! Есть.

2 — Он приезжает, а она не идёт его встречать.
   — Ну что ты! Как же не идёт! Идёт.

3 — Они так и не купили новую квартиру.
   — Ну что ты! Как же не купили! Купили.

Б.17. Выражайте удивление-возражение. Сейчас вы услышите пять предложений. После каждого предложения выражайте удивление-возражение с помощью конструкций НУ ЧТО ТЫ! КАК ЖЕ НЕ…

Образец: — Я слышал, ты не сдала экзамен.
   — Ну что ты! Как же не сдала! Сдала.

Слушайте, выполняйте и проверяйте себя.

⊙ Как вы понимаете монолог?

Б.18. * Прослушайте рассказ молодого человека первый раз.
Молодой человек рассказывает о своей квартире. Слушайте и рисуйте план его квартиры.

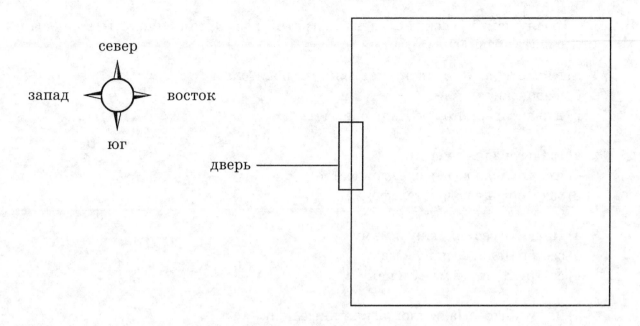

Б.19. Прослушайте рассказ молодого человека второй раз. Проверьте, как вы нарисовали план квартиры. Расскажите о квартире Виктора.

Б.20. * Слушайте рассказ студентки первый раз. Подчёркивайте названия предметов, о которых идёт речь в этом рассказе.

диван	кровать	буфет	журнальный столик
зеркало	книжные полки	телевизор	обеденный стол
комод	шкаф	письменный стол	стул кресло

Б.21. * Слушайте рассказ студентки второй раз. Рисуйте, где и какая мебель стоит в её квартире. Подпишите каждый предмет.

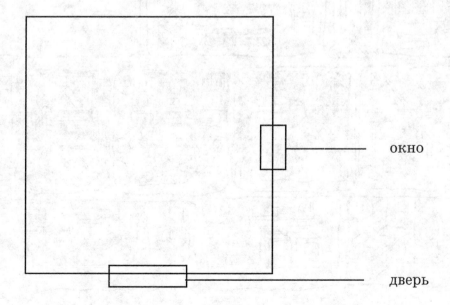

Б.22. * Прослушайте рассказ студентки третий раз. Затем слушайте вопросы и отмечайте правильные ответы.

1 а) в квартире, которая принадлежит её родителям
   б) в общежитии
   в) в квартире, которую Надя снимает

2 а) газ и горячая вода
   б) газ, горячая вода и электричество
   в) газ, горячая вода и телефон

3 а) Надю, её сестёр, папу и маму
   б) сестёр Нади, её папу и маму
   в) сестру Нади, её маму и папу

4 а) потому что у Нади плохие книжные полки
   б) потому что у Нади много книг, и их уже некуда ставить
   в) потому что в квартире нет книжных полок

5 а) потому что в комнате мало места
   б) потому что Наде не нравятся обеденные столы
   в) потому что Наде не нужен обеденный стол

○ Как вы понимаете диалог?

Б.23. * Смотрите на рисунок и слушайте диалоги первый раз.

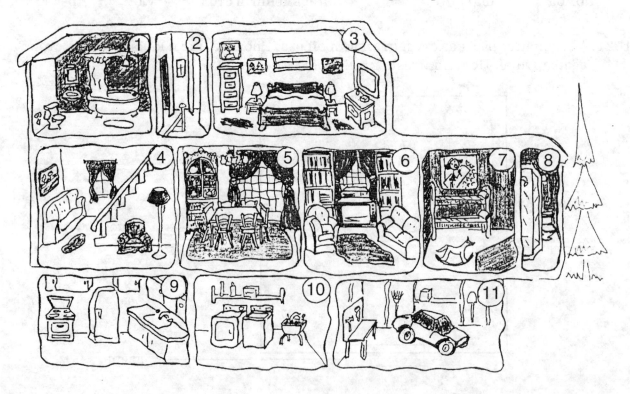

Олег и его жена Наташа пригласили своих старых друзей Аню и Сергея в гости. Олег и Наташа показывают друзьям свой дом. Гости побывали в 6 комнатах. На рисунке изображено 9 комнат.

Сейчас вы услышите 6 диалогов. В каких же комнатах побывали Аня и Сергей?

Поставьте номер комнаты около соответствующего диалога. Напишите, как называются эти комнаты.

первый диалог _____

второй диалог _____

третий диалог _____

четвёртый диалог _____

пятый диалог _____

шестой диалог _____

Б.24. * Слушайте диалоги второй раз.

Читайте предложения. Выражайте своё согласие или несогласие с тем, о чём в них говорится.

первый диалог

1 *Да*_____ Сергей и Аня — старые друзья Олега и Наташи.
2 _____ Сергей и Аня пришли в гости к Олегу и Наташе первый раз.
3 _____ Олег и Наташа сделали ремонт во всём доме.
4 _____ Они сделали ремонт зимой.
5 _____ Они купили новую мебель во все комнаты.
6 _____ Сергей и Наташа тоже хотят сделать ремонт у себя в доме.
7 _____ Буфет в доме Олега и Наташи стоит около окна.
8 _____ Буфет старинный.
9 _____ Буфет подарили Олегу и Наташе их старые знакомые.
10 _____ В комнате висит люстра.
11 _____ Окно Олег сделал сам.
12 _____ Сергею понравилось новое окно в доме Олега и Наташи.

второй диалог

1 _____ Ане нравится картина.
2 _____ Картина висит у окна.
3 _____ Лестница ведёт в подвал.
4 _____ Аня помнит, что было в этой комнате раньше.

5 _____ В этой комнате раньше была кухня.

6 _____ Из окна открывается чудесный вид.

7 _____ Олег и Наташа живут в центре города.

8 _____ Дом Олега и Наташи находится в деревне.

третий диалог

1 _____ В комнате стоит комод.

2 _____ Над кроватью висит фотография.

3 _____ На фотографии дочь Наташи и Олега.

4 _____ Их дочь студентка.

5 _____ Она часто приезжает к родителям.

6 _____ Наташа хочет купить на окно жалюзи.

четвёртый диалог

1 _____ У Наташи и Олега сейчас газовая плита.

2 _____ Наташа довольна новой плитой.

3 _____ Наташа хорошо готовит.

4 _____ Наташа и Олег купили на кухню новый холодильник.

пятый диалог

1 _____ У Наташи и Олега двое детей.

2 _____ Мальчики спят в одной комнате.

3 _____ Старший сын учится в школе.

4 _____ Младший сын увлекается современной музыкой.

5 _____ Фотографию, которая висит над кроватью, старший сын купил.

6 _____ Старший сын кладёт игрушки около кровати.

7 _____ В комнате есть шкафы.

шестой диалог

1 _____ Новый душ понравился Сергею и Ане.

2 _____ Раньше, до ремонта, комната с душем в доме была.

3 _____ Наташа пользуется душем мальчиков.

4 _____ Рядом со спальней Наташи и Олега есть ванная.

5 _____ В ванной у Наташи и Олега есть и ванна, и душ.

Б.25. * Слушайте диалоги третий раз.

А. Вы узнали, что Наташа и Олег немного перестроили дом. Как же они его перестроили? Напишите, что изменилось в доме после его перестройки и ремонта. Аня и Сергей насчитали 6 таких изменений. А вы можете их перечислить?

1 _____
2 _____
3 _____
4 _____
5 _____
6 _____

Б. Вы узнали, что Аня и Сергей увидели много новых вещей в доме своих друзей. Что это за вещи? Где они находятся?

1 _____
2 _____
3 _____
4 _____
5 _____
6 _____
7 _____
8 _____

В. Часть новых вещей, которые увидели Сергей и Аня, их друзья купили. Какие же вещи купили Наташа и Олег? Сергей и Аня насчитали 5 вещей, которые купили их друзья. А вы можете их назвать?

1 _____
2 _____
3 _____
4 _____
5 _____

давайте послушаем

⟳ Проверьте себя!

Б.26. Прослушайте рассказ молодого человека о своей квартире ещё раз (первый монолог). Восстановите пропущенные слова и предложения.

Привет! Меня зовут Виктор. Вы хотите, чтобы я рассказал о своей новой квартире? С удовольствием!

У меня небольшая _____ квартира в десятиэтажном доме. В моей квартире _____ _____. В квартиру я переехал не так давно, в прошлом году. Квартира мне очень нравится.

Когда входишь в квартиру, то попадаешь _____. Коридор маленький. В нём три двери. Одна дверь _____. Когда входишь в коридор, эта дверь прямо _____. Справа — дверь _____, слева — дверь _____.

В комнате у меня _____ и одно окно. Балкон выходит _____. С балкона открывается _____. Окно в комнате _____ на юг.

Кухня у меня большая и очень _____. В кухне одно окно. Оно _____, так же как и балкон, _____.

Как видите, у меня очень солнечная квартира.

Б.27. Прослушайте рассказ студентки о своей квартире ещё раз. Восстановите пропущенные слова и выражения.

Меня зовут Надя. Я студентка второго курса. Учусь на филологическом факультете. В этом году я _____. Квартира небольшая, однокомнатная, но _____: газ, горячая вода. Даже телефон есть.

Справа _____ стоит диван. Над диваном висит фотография моей семьи. На ней мама, папа и две мои сестры. _____ от окна стоит письменный стол. _____ висят книжные полки. У меня много книг. И, наверное, мне ещё надо купить книжные полки, потому что книги уже _____.

102

Слева от книжных полок, _____, стоит телевизор.

Около телевизора стоит _____ и

два кресла.

Слева от двери стоит шкаф. Там _____.

Шкаф не очень большой, но _____.

У меня нет большого _____. В комнате для

него совсем нет места. Конечно, когда приходят гости, _____

_____ трудно. Но гости приходят ко мне редко.

Я люблю по вечерам сидеть _____, пить чай, смотреть

телевизор или слушать музыку.

Б.28. Прослушайте диалоги ещё раз. Восстановите пропущенные слова и

предложения.

первый диалог

Олег: О! Здравствуйте! _____, пожалуйста! Очень рады

вас видеть!

Наташа: Как хорошо, что вы _____ и приехали!

Раздевайтесь, пожалуйста! Проходите прямо в комнату.

Аня: Здравствуйте, здравствуйте! Как приятно вас видеть! О, да я

смотрю, многое _____ у вас в доме.

Сергей: Вы _____?

Олег: Да, этим летом мы немного _____ и

_____.

Сергей: Сделали ремонт?! Перестроили дом?! _____!

В следующем году мы тоже хотим _____.

Вы покажете _____?

Наташа: Конечно! _____!

Аня: Я смотрю, вы не только сделали ремонт, но и купили _____

_____?

Олег: Да, но не во все комнаты.

Аня: О, Серёжа, посмотри, какой интересный буфет _____!

И так хорошо вы его _____ поставили! Буфет

старинный?

Наташа: Да нет. Нет, нет, конечно. Это _____ буфет. Просто он выглядит как _____. Мы его купили _____.

Аня: А люстра? Люстра, по-моему, тоже новая?

Олег: Люстра? Да. Вам нравится? Сейчас обычно в квартирах не _____ люстры. А нам нравится, когда в квартире много _____, поэтому мы решили _____ люстру.

Сергей: Какое интересное окно!

Олег: Да, это моя гордость. Я сам _____. Правда, необычное?

Сергей: Очень. Надо бы и мне такое сделать.

второй диалог

Аня: О, какая _____ картина!

Наташа: Да, нам подарил её наш знакомый художник.

Сергей: Она так хорошо _____, над диваном. А эта _____. Её ведь, по-моему, здесь раньше не было?

Олег: Правда, правда. У тебя, Сергей, прекрасная память.

Сергей: А куда _____ эта лестница?

Наташа: _____.

Аня: Наташа, но, по-моему, раньше в этой комнате была _____?

Олег: Да. Кухня у нас теперь в _____. Я думаю, что это очень _____. Серёжа! Посмотри, какой _____ открывается _____!

Аня: Река, деревья! И домов почти не видно. Как будто за городом! Даже трудно представить, что мы почти в центре города.

Сергей: Да, ваш дом очень хорошо стоит. И _____, и гулять есть где.

третий диалог

Аня: Какая _____ комната! А чья это фотография _____ над комодом?

Наташа: Не узнаёшь? Это Надя.

Аня: Ваша дочь?! Такая уже _____!

Олег: Да, уже совсем взрослая. Только вот видим мы её редко. Приезжает лишь на каникулы. Она уже _____ _____ университета.

Сергей: Вам не мешает, что окно прямо _____?

Наташа: Да нет. Вот только надо купить _____. Никак не могу найти занавески, какие мне хочется.

четвёртый диалог

Сергей: Я смотрю, у вас _____. Это удобно?

Наташа: Да, мы _____ старую плиту, газовую, на электрическую. Эта плита очень хорошая. А какие пироги получаются!

Аня: Не сомневаюсь! Ты всегда была хорошей _____!

Сергей: А холодильник у вас всё ещё старый?

Олег: Да, но он ещё вполне _____.

пятый диалог

Сергей: Вот это да-а-а! Вы купили мальчикам _____.

Олег: Да, вот решили _____ такую кровать. Кровать в два этажа. Вы знаете, очень удобно. В комнате стало намного больше _____.

Аня: Кто же из них увлекается современной музыкой?

Наташа: Вы о фотографии над кроватью? Старший, конечно. _____ _____ какую-то певицу и доволен. Повесил фотографию ещё в прошлом месяце. Принёс из школы.

Аня: А младший?

Наташа: Младший?! Да он ещё маленький! Вон, видите, игрушки _____ _____. Всегда на полу около своей кровати _____ _____ игрушки.

Сергей: А я что-то не вижу шкафа.

Олег: Ну что вы! Как же без шкафа! В комнате _____ _____. Смотрите! Видите? Открываю, закрываю. А вы думали, это стена?

Сергей: _____!

шестой диалог

Сергей: О! Какой интересный _____!...Но, по-моему, этой

комнаты здесь раньше не было.

Олег: Да, когда мы _____ дом, мы специально

_____ комнату _____ .

Теперь у мальчиков есть свой душ.

Аня: Олег, вы с Наташей тоже пользуетесь этим душем?

Олег: Нет, нет. У нас из спальни дверь _____ . А там

есть и ванна, и душ.

Сергей: Раньше, по-моему, у вас был только душ?

Наташа: Да. Это раньше. Теперь мы _____ ещё и ванну.

Очень _____ .У мальчиков свой душ, у нас — свой.

 # ЧАСТЬ В. Давайте поиграем!

В.1. В какой комнате вы больше всего проводите времени?

Посмотрите ещё раз на рисунок в начале главы.
Вспомните названия всех комнат.

А теперь скажите, что обычно делают в каждой комнате.
Вы говорите, а преподаватель пишет на доске. Например:

Преподаватель: Что обычно делают в гостиной?
Вы: Отдыхают.

Преподаватель: А ещё?
Вы: Смотрят телевизор...

Итак: В ГОСТИНОЙ — отдыхают, смотрят телевизор...

В конце станет ясно, в какой комнате люди проводят больше всего времени.

В.2. Найдите потерянную вещь.

Ваш партнёр потерял (или не может найти) в доме какую-то вещь.
Это может быть ручка, ключи, чашка, ботинок, кофта, шапка и т. д.

Вы знаете, где лежит, стоит или висит эта вещь.
Помогите своему партнёру найти эту вещь.

Ваш партнёр может задавать только вопросы, на которые можно ответить ДА или НЕТ. Например:

Партнёр А: — Шапка висит на вешалке?
Партнёр Б: — Нет.

Партнёр А: — Она лежит в стенном шкафу?
Партнёр Б: — Да.

В.3. Создайте проект дома.

Вы работаете в строительной организации. Ваша фирма строит коттеджи под Москвой. К вам пришёл бизнесмен и сказал:

> Я хочу построить коттедж недалеко от Москвы. У меня семья: жена и трое детей. Иногда с нами будут жить мои родители, ещё не очень старые люди. Деньги меня не интересуют. Я заплачу столько, сколько вы скажете.
>
> Я хочу, чтобы рядом с моим домом были лес и река.

Обсудите со своим партнёром:

А. Где и как будет стоять коттедж. Нарисуйте план участка и укажите место, где будет стоять дом.

Б. Какой это будет дом (сколько будет в нём этажей, комнат; какие это будут комнаты; где они будут находиться и т.д.)? Нарисуйте план дома.

Покажите группе свои рисунки.
Решите, какой проект дома оказался самым интересным.

Попросите авторов проекта дома рассказать о нём.

В.4. Вы переставляете мебель в комнате.
Вы сделали ремонт в своей комнате и хотите переставить мебель. К вам приехала сестра (или брат) помочь сделать перестановку.

Партнёр А смотрит игровое задание № 20.
Партнёр Б смотрит игровое задание № 51.

В.5. Нарисуйте и обсудите с партнёром план улицы, на которой вы живёте.

Партнёр А смотрит игровое задание № 21.
Партнёр Б смотрит игровое задание № 50.

В.6. Помогите вашему партнёру снять или сдать квартиру. Перед вами Московская центральная биржа недвижимости. Эта биржа помогает людям сдавать и снимать квартиры.

Один из вас сотрудник этой биржи.
Другой — клиент этой биржи.

Партнёр А смотрит игровое задание № 19.
Партнёр Б смотрит игровое задание № 52.

Часть Г. Это может быть интересно всем!

1 Принесите на занятия фотографии интересных зданий. Это могут быть здания, построенные в вашей стране или в другой стране мира. Расскажите об этих зданиях.

2 Знаете ли вы какие-нибудь необычные дома? Если да, то опишите их.

3 Расскажите о доме, где вы хотели бы жить.

Используйте следующие конструкции:

Я хочу, чтобы мой дом был … *каким?*
Я хочу, чтобы моя квартира была … *какой?*

Мой дом будет … *каким?*
Моя квартира будет … *какой?*

Мой дом должен быть … *каким?*
Моя квартира должна быть … *какой?*

В ГОРОДЕ

△ **ЧАСТЬ А. Давайте поговорим!**

◯ **Знаете ли вы?**

А.1. * Посмотрите на картинки.

Прочитайте слова. Поставьте номер картинки около слов, которые соответствуют этой картинке.

110

1	_____	мемориал Чан-Кайши в Тайбэе
2	_____	Кремль в Москве
3	_____	статуя Свободы в Нью-Йорке
4	_____	Эйфелева башня в Париже

○ А как у вас?

А.2. Ответьте на вопросы преподавателя.

1 Как называется город, в котором вы живёте?

2 В вашем городе есть река, озеро, или он стоит на берегу моря?

3 Ваш город большой? Сколько людей живёт в вашем городе?

4 Что интересного есть в вашем городе?

5 Какие интересные памятники архитектуры есть в вашем городе?

6 Сколько в вашем городе театров? А музеев?

7 Ваш город зелёный? В вашем городе много парков?

8 Какие виды транспорта есть в вашем городе?

9 Вы живёте далеко от центра?

10 Как вы добираетесь до университета, до работы?

11 В вашем городе есть метро?

12 У вас есть своя машина? Какая у вас машина?

13 Где вы покупаете продукты? Продуктовые магазины далеко от вашего дома?

14 Где вы покупаете одежду? Вы покупаете одежду в больших магазинах или в маленьких? Эти магазины находятся далеко от вашего дома?

15 Вам нравится ваш город?

16 Вы посоветуете вашему другу приехать в ваш город?

СЛОВАРЬ

СЛОВА И ВЫРАЖЕНИЯ		городской транспорт (виды транспорта)
		метро, автобус, троллейбус, трамвай
станция		(станция метро)
остановка		(остановка троллейбуса)
стоянка		(стоянка такси)
вход	*куда?*	(вход на выставку с улицы Гоголя)
	откуда?	
дорога	*куда?*	(дорога в парк)
движение		(в центре большое движение)
угол		(зонтик стоит в углу; мы встретились на углу; магазин за углом)

сторона		(перейти на другую сторону; ехать не в ту сторону; вход в магазин с другой стороны)
квартал		(проехать два квартала)
маршрут		(маршрут автобуса)
план		(план города)
схема		(схема метро)
молодёжь		
народ		(в автобусе много народу)
обратный		(ехать в обратную сторону)
вежливый		
поворачивать	*куда?*	(автобус повернул направо)
повернуть		
пересаживаться	*где?*	(пересаживаться на станции метро «Театральная»; пересаживаться на «Театральной»)
пересесть		
	куда?	(пересаживаться на автобус)
пропускать	*что?*	(Я пропустил автобус.)
пропустить	*кого?*	(Я пропустил бабушку вперёд.)
задерживать	*что?*	(задерживать автобус)
задержать		
Как попасть?	*куда?*	(Как попасть на улицу Гоголя, в университет?)
Как пройти/ проехать?	*куда?*	(Как проехать в библиотеку, к театру, до университета?)
Как добраться?	*до чего?*	(Как добраться до театра?)
Как дойти/ доехать?	*до чего?*	(Как доехать до Кремля?)

автобус (троллейбус, трамвай) идёт
    (Смотри, по-моему, идёт автобус.)
час пик
    (В час пик в метро много народу.)
прямое сообщение
    (До работы нет прямого сообщения.)
знать дорогу
    (Извините, но я плохо знаю дорогу.)
садиться/сесть в автобус
    (На этой остановке я сажусь в автобус.)

брать/взять такси

    (Когда я опаздываю, я беру такси.)

делать/сделать пересадку *где?*

    (Я делаю пересадку в центре.)

затрудняться сказать

    (— Вы спрашиваете, как пройти к театру?
    Затрудняюсь сказать.)

проезжать/проехать свою остановку

    (Я так зачиталась, что проехала свою остановку.)

уступать/уступить место

    (В транспорте он всегда уступает место.)

идти пешком

    (До работы я иду пешком.)

СВЯЗНЫЕ СЛОВОСОЧЕТАНИЯ	ловить/поймать такси
	яблоку негде упасть
	Как быстро летит время!
	Прошло столько времени!
	Ну и молодёжь пошла!

○ Это интересно, но почему вы так думаете?

А.3. Отметьте в правом столбике слова, которые вы ассоциируете с новыми словами, и придумайте предложения. Например:

море	волейбол, гулять, купаться

    Я люблю играть в волейбол на море.

    Мы всегда гуляем вечером у моря.

    На каникулах я купался в море.

метро	удобно, быстро, встретиться
остановка	следующая, за углом, голубой дом
стоянка	такси, быстро, дёшево
дорога	скоростная, парк, грязная
маршрут	карта, удобно, измениться
план	город, квартира, строить
вход	магазин, реклама, с другой стороны
сторона	идти, другая, жить
квартал	магазины, вечером, зелёный
угол	стоять, дерево, страшно
молодёжь	современная, учиться, музыка
пропускать	вперёд, молодой человек, лифт
задерживаться	работа, такси, ночь
знать дорогу	спросить, опоздать, такси
уступать место	бабушка, упасть, сказать «спасибо»
делать пересадку	центр, спешить, встретиться
час пик	много народу, шумно, уставать
брать такси	опаздывать, деньги, дождь
проехать остановку	спать, книга, задуматься

ЧАСТЬ Б. Давайте послушаем!

Как вы запомнили новые слова?

Б.1. * Слушайте микротексты, вписывайте пропущенные слова.

1 1 В моём городе есть почти все _____: метро, автобус, троллейбус, нет только трамваев.

   2 В центре города всегда _____.

   3 Особенно много машин в _____. Я езжу в центр каждый день, потому что я работаю в центре.

   4 Обычно я _____ до работы на метро.

   5 _____ метро недалеко от моего дома.

   6 Иногда я еду на _____.

   7 _____ автобуса тоже рядом, через _____ от моего дома.

   8 Когда я опаздываю, я _____.

   9 Обычно я не иду на _____ такси, а _____ около дома.

2 1 Вчера у меня был странный день. Вечером я, наконец-то, собрался в кино. Сначала я _____ дома, потому что ко мне пришёл сосед попросить газету.

   2 Потом я _____ не на тот автобус.

   3 Мне надо было _____ в центр, а автобус шёл в _____ _____ сторону.

   4 Когда я понял, что я еду не в ту сторону, я вышел из автобуса и _____ _____ на другой автобус.

   5 В автобусе я увидел моего старого друга. Мы так заговорились, что я _____.

   6 И мне пришлось одну остановку _____.

   7 Когда я подошёл к кинотеатру, у _____ в кинотеатр уже никого не было.

Б.2. * Прослушайте микротексты. Напишите связные словосочетания, которые можно употребить в этих микротекстах.

   1 _____

   2 _____

   3 _____

○ Помните ли вы грамматику?

при-ставка	глагол	предлог	
	идти	по (чему) вдоль (чего) мимо (чего)	
по	пойти	в (что), на (что) к (кому)	
в	входить/войти	в (что), на (что) к (кому)	
вы	выходить/выйти	из (чего) с (чего) от (кого)	
		на (что)	
про	проходить/пройти	что вдоль (чего) мимо (чего) по (чему)	
пере	переходить/ перейти	(что)	
до	доходить/дойти	до (чего)	
об	обходить/обойти	(что)	
за	заходить/зайти	за (что)	
		в, на, к	
при	приходить/ прийти	в, на, к	
у	уходить/уйти	из, с, от	
под	подходить/ подойти	к (чему)	
от	отходить/отойти	от (чего)	

План Юго-Западного района

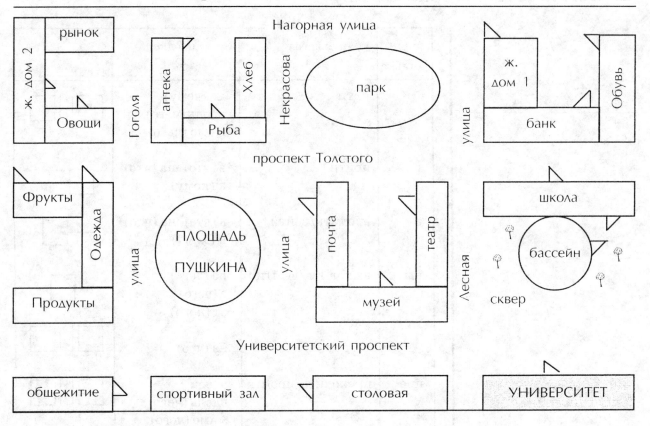

Б.3. * а) Слушайте микротекст. Вписывайте пропущенные предлоги.

1 Вчера мне надо было купить рыбу. После работы я пошла из университета _____ рыбный магазин. К сожалению, этот магазин находится далеко от университета, и шла я, наверное, полчаса. Как я шла? Сейчас вспомню.

2 Я вышла _____ университета. Повернула налево. Прошла здание университета. Перешла Лесную улицу.

3 Прошла _____ Университетскому проспекту два квартала.

4 Когда я вышла _____ улицу Гоголя, я перешла её.

5 И пошла _____ этой улице. Я прошла магазины «Продукты», «Одежда».

6 Потом я вышла _____ проспект Толстого и перешла этот проспект.

7 Прошла _____ магазина «Овощи». Около рынка я перешла улицу Гоголя.

8 Я прошла _____ аптеки и обошла её.

9 Вход _____ магазин «Рыба» _____ двора.

10 Я вошла _____ двор и увидела вход в магазин.

б) Смотрите на план Юго-Западного района и слушайте микротекст ещё раз. Карандашом отмечайте движение.

116

Б.4. а) * Слушайте микротекст. Вписывайте пропущенные глаголы.

1 — Извините. Скажите, пожалуйста, как мне _____
в банк?

2 — Как вам _____ в банк? О, это очень просто.
Откуда вы _____? Из университета?

3 — Да, я _____ из университета.

4 — Так. Когда вы _____ из университета, поверните
налево.

5 _____ университет.

6 _____ на Лесную улицу.

7 _____ Университетский проспект.

8 Дальше _____ по Лесной улице всё время прямо.

9 _____ вдоль сквера и мимо школы.

10 _____ проспект Толстого.

11 Затем _____ вдоль здания банка и жилого дома.

12 К сожалению, вход в банк не с Лесной улицы, а с Нагорной улицы.
_____ до Нагорной улицы.

13 Когда _____ до Нагорной улицы, поверните направо.

14 _____ жилой дом. Вход в банк со двора.

б) Смотрите на карту Юго-Западного района и слушайте микротекст ещё раз.
Карандашом отмечайте движение.

Б.5. а) * Слушайте микротекст. Вписывайте пропущенные слова и выражения.

1 — Извините, вы не скажете, _____ мне _____ в школу?

2 — Как вам пройти в школу? Та-а-ак, надо подумать. _____
вы _____? Из университета?

3 — Нет, я _____.

4 — Из общежития. Когда _____,
вам надо _____ налево.

5 _____ на Университетский _____.

6 Затем вам надо _____ Университетский _____.

7 Потом вы можете _____ Гоголя.

8 Но я вам советую _____.
Так быстрее.

117

9 _____ Толстого, к почте.

10 Затем вам надо _____.

11 Потом вам надо _____ Лесную _____.

12 А дальше вам надо _____ немного _____ школы.

13 В школу есть два входа. Один _____ Толстого. Вы его сразу же увидите.

б) Смотрите на карту Юго-Западного района и слушайте микротекст еще раз. Карандашом отмечайте движение.

Б.6. а) Рассказывайте, как добраться до рынка.
Слушайте предложения. Заменяйте императив конструкцией *КОМУ? НАДО ЧТО ДЕЛАТЬ?*

Образец: Перейдите Ломоносовский проспект. →
Вам надо перейти Ломоносовский проспект.

Слушайте, выполняйте и проверяйте себя.

— Вы не скажете, как пройти из университета на рынок?
— Конечно, скажу.
1 Выйдите из университета.
2 Поверните налево.
3 Перейдите Лесную улицу.
4 Пройдите вдоль столовой.
5 Перейдите Университетский проспект.
6 Пройдите музей и почту.
7 Перейдите проспект Толстого и улицу Некрасова.
8 Идите вдоль магазина «Рыба» и аптеки.
9 На улице Гоголя поверните за угол.
10 Пройдите один квартал.
11 Перейдите улицу Гоголя.
Так вы выйдете к рынку.

б) Смотрите на карту Юго-Западного района и слушайте микротекст ещё раз. Карандашом отмечайте движение.

в) Напишите, как пройти от университета к рынку, употребляя конструкцию *КОМУ? НАДО ЧТО ДЕЛАТЬ?*

1 _____
2 _____
3 _____
4 _____
5 _____

118

6 _____
7 _____
8 _____
9 _____
10 _____
11 _____

Б.7. а) Рассказывайте, как пройти к почте.
Слушайте предложения. Заменяйте конструкцию *КОМУ? НАДО ЧТО ДЕЛАТЬ?* императивом.

Образец: Вам надо перейти Ломоносовский проспект. →
Перейдите Ломоносовский проспект.

Слушайте, выполняйте и проверяйте себя.

— Скажите, пожалуйста, как добраться до почты?
— Откуда вы пойдёте?
— Из бассейна.
1 — Когда вы выйдете из бассейна, вам надо повернуть налево.
2 Вам надо дойти до здания школы.
3 Вам надо обойти школу.
4 Вам надо выйти на проспект Толстого.
5 Вам надо пройти вдоль школы.
6 Вам надо перейти Лесную улицу.
7 Вам надо пройти один квартал.
8 Вам надо повернуть за угол.
И так вы окажетесь у входа на почту.

б) Смотрите на карту Юго-Западного района и слушайте микротекст ещё раз. Карандашом отмечайте движение.

в) Напишите, как пройти от бассейна к почте, употребите императив.

1 _____
2 _____
3 _____
4 _____
5 _____
6 _____
7 _____
8 _____

давайте послушаем

Б.8. а) Рассказывайте, что вы делаете каждый день.
Слушайте предложения. Заменяйте глаголы совершенного вида глаголами несовершенного вида.

Образец: Вчера я вышла из дома очень рано. →
Каждый день я выхожу из дома очень рано.

Слушайте, выполняйте и проверяйте себя.

Я живу в доме номер один на Нагорной улице. Я работаю в общежитии. Вчера, как обычно, я ходила на работу.

1 Вчера я вышла из дома.
2 Я перешла Лесную улицу.
3 Потом я прошла парк и вышла на проспект Толстого.
4 Я перешла этот проспект.
5 Затем я прошла площадь Пушкина и вышла на Университетский проспект.
6 Я перешла этот проспект.
7 Я перешла ещё одну улицу, улицу Гоголя, и вошла в общежитие.

б) Смотрите на план Юго-Западного района и слушайте микротекст ещё раз. Карандашом отмечайте движение.

в) * Теперь запишите этот текст от лица двух студентов, которые завтра пойдут к своим друзьям в общежитие.

Образец: Вчера я перешла Ломоносовский проспект. →
Завтра мы перейдём Ломоносовский проспект.

Мы живём в доме номер один на Нагорной улице. У нас много друзей в общежитии. Завтра мы пойдём к своим друзьям, в общежитие.

1 _____
2 _____
3 _____
4 _____
5 _____
6 _____
7 _____

> ехать *на чём?*
>
> на машине, на автобусе, на троллейбусе,
> на метро, на трамвае...

Б.9. а) * Слушайте микротекст, вписывайте пропущенные слова и выражения.

Я живу в доме № 2.

1   Я не очень люблю городской транспорт. Но обычно я езжу в университет _____, иногда _____.

2   А вчера перед занятиями ко мне _____ мой друг.

3   У него своя _____. Он предложил мне покататься.

4   Мы _____ весь наш район, и я даже не опоздала на занятия.

5   Как мы _____?

6   Мы _____ из нашего двора на улицу Гоголя.

7   Потом мы повернули на проспект Толстого и _____ _____ вдоль магазина «Рыба».

8   Потом мы _____ Некрасова, объехали парк.

9   Затем опять _____ Толстого.

10 _____ до театра, _____ школу и бассейн и _____ на Университетский проспект.

11 Когда я _____, звонка на занятия ещё не было.

б) Смотрите на карту Юго-Западного района и слушайте микротекст ещё раз. Карандашом отмечайте движение.

○ Как лучше выразить?

Б.10. Вам задали вопрос, а вы не можете на него сразу ответить. Повторите вопрос вашего партнёра по диалогу.
Слушайте и повторяйте ответную реплику диалога.

1   — Как доехать до театра?

    — Как доехать до театра? М-м-м. Минуточку.

2   — Как доехать до библиотеки?

    — Как доехать до библиотеки? Извините, не знаю.

3 — Как добраться до бассейна?
— Как добраться до бассейна? Извините, затрудняюсь сказать.

4 — Как попасть в музей Пушкина?
— Как попасть в музей Пушкина? Сейчас подумаю.

5 — Где станция метро?
— Где станция метро? О! Это очень близко.

6 — Где останавливается первый автобус?
— Где останавливается первый автобус? По-моему, за углом.

7 — Сколько остановок мне надо проехать?
— Сколько остановок вам надо проехать? Затрудняюсь сказать. Узнайте у кого-нибудь другого.

Б.11. Повторяйте вопрос при ответе.

Образец: — Как проехать на рынок?
— Как проехать на рынок? Извините, не знаю.

Слушайте, выполняйте и проверяйте себя.

1 — Как доехать до библиотеки?
2 — Как добраться до стадиона?
3 — Как попасть в Исторический музей?
4 — Как проехать на улицу Гоголя?
5 — Где останавливается троллейбус?

Образец: — Как добраться до зоопарка?
— Как добраться до зоопарка? Извините, затрудняюсь сказать. Спросите у кого-нибудь другого.

6 — Где стоянка такси?
7 — Где вход в кинотеатр?
8 — Где мне надо сделать пересадку?
9 — На какой остановке мне выходить?

Б.12. Повторяйте вопрос при ответе.
Слушайте и повторяйте ответную реплику диалога.

1 — <u>Этот</u> автобус идёт в центр?
— Этот ли автобус идёт в центр? По-моему, не этот.

— Этот автобус <u>идёт</u> в центр?
— Идёт ли этот автобус в центр? По-моему, идёт.

— Этот автобус идёт <u>в центр</u>?
— В центр ли идёт этот автобус? По-моему, не в центр.

2   — Автобус идёт к музею?

— Автобус ли идёт к музею? По-моему, нет. К музею идёт только троллейбус.

— Автобус идёт к музею?

— Идет ли автобус к музею? По-моему, идёт.

— Автобус идёт к музею?

— К музею ли идёт автобус? По-моему, нет. Автобус идёт в другую сторону.

3   — Мне скоро выходить?

— Скоро ли вам выходить? К сожалению, я не знаю. Спросите у кого-нибудь другого.

4   — Далеко до музея?

— Далеко ли до музея? Нет, не очень. Квартала два.

5   — Мне надо делать пересадку?

— Надо ли вам делать пересадку? Извините, затрудняюсь сказать.

Б.13. Слушайте вопросы. Повторяйте вопросы при ответе. Следите за предикатом вопроса.

Образец: — До метро далеко?

                — Далеко ли до метро? Извините, не знаю.

Слушайте, выполняйте и проверяйте себя.

1 — Автобус останавливается около поликлиники?
2 — Вход в магазин со двора?
3 — На автобусе можно доехать до поликлиники?
4 — До парка можно дойти пешком?

Образец: — Я доеду на этом троллейбусе до театра?

                — Доедете ли вы на этом троллейбусе до театра? Затрудняюсь сказать.

5 — Я доеду на этом автобусе до стадиона?
6 — По этой улице я дойду до общежития?
7 — Мне скоро выходить?
8 — Мне надо выйти около школы?

давайте послушаем

Б.14. Вежливо обратитесь к незнакомому человеку с вопросом.
  Слушайте и повторяйте.

1 Скажите, пожалуйста, как проехать на Красную площадь?
2 Скажите, пожалуйста, как добраться до музея?
3 Извините. Скажите, пожалуйста, как попасть в Большой театр?
4 Извините. Скажите, пожалуйста, где остановка автобуса?

5 Извините. Вы не скажете, как пройти к Историческому музею?
6 Извините. Вы не скажете, как доехать до библиотеки?
7 Извините. Вы не скажете, на какой остановке мне выходить?
8 Извините. Вы не скажете, в какую сторону мне ехать?

Б.15. Вежливо обратитесь к незнакомому человеку с вопросом.

Образец: Вам надо узнать, как проехать на Театральную площадь.
       — Скажите, пожалуйста, как проехать на Театральную площадь?

Слушайте, выполняйте и проверяйте себя.

1 как попасть в Кремль.
2 как доехать до университета.
3 как добраться до парка.
Вам надо узнать, 4 как пройти к общежитию.
5 где остановка автобуса.
6 где вам сделать пересадку.
7 в какую сторону вам ехать.
8 на какой остановке вам выходить.

Образец: Вам надо узнать, как доехать до консерватории.
       — Извините. Вы не скажете, как доехать до консерватории?

9 как доехать до рынка.
10 как проехать к магазину «Одежда».
11 как пройти к библиотеке.
Вам надо узнать, 12 где стоянка такси.
13 где остановка автобуса.
14 где вход в метро.
15 на какой станции вам делать пересадку.
16 где вам надо выходить.

Б.16. Вежливо обратитесь к незнакомому человеку с вопросом.
  Слушайте и повторяйте.

1 Скажите, пожалуйста, автобусная остановка <u>далеко</u>?
2 Скажите, пожалуйста, <u>этот</u> автобус идёт к Большому театру?
3 Извините. Скажите, пожалуйста, рынок ещё <u>далеко</u>?

4 Извините. Вы <u>выходите</u> на следующей остановке?
5 Извините. Это место <u>свободно</u>?
6 Извините. <u>Здесь</u> стоянка такси?

7   Извините. Вы не скажете, вход в магазин <u>со двора</u>?

8   Извините. Вы не скажете, автобус уже <u>ушёл</u>?

9   Извините. Вы не скажете, я <u>доеду</u> на этом автобусе до университета?

Б.17. Вежливо обратитесь к незнакомому человеку с вопросом.

Образец: Вам надо узнать, идёт ли этот автобус в центр.
— Скажите, пожалуйста, этот автобус идёт в центр?

Слушайте, выполняйте и проверяйте себя.

	1 далеко ли автобусная остановка.
	2 можно ли до музея дойти пешком.
	3 можно ли до цирка доехать на метро.
Вам надо узнать,	4 останавливается ли здесь автобус.
	5 надо ли вам делать пересадку.
	6 дойдёте ли вы за 10 минут до театра.
	7 быстро ли вы доедете до центра.
	8 выходит ли женщина на следующей остановке.

Образец: Вы хотите знать, идёт ли этот автобус в центр.
— Извините. Вы не скажете, этот автобус идёт в центр?

	9 далеко ли стоянка такси.
	10 «Школа» ли следующая остановка.
	11 давно ли не было автобуса.
Вы хотите знать,	12 ушёл ли уже последний автобус.
	13 часто ли ходят автобусы.
	14 можно ли здесь сделать пересадку.
	15 следующая ли станция «Университет».
	16 через две ли остановки вам выходить.

◯ Как вы понимаете монолог?

Б.18. * Корреспондент газеты «Вечерняя Москва» пишет статью о московском транспорте. Сейчас он стоит на автобусной остановке и разговаривает с женщиной — Натальей Петровной Семёновой.

Прослушайте рассказ Натальи Петровны первый раз. Ответьте на вопрос. Ответьте ДА или НЕТ.

Наталья Петровна довольна работой городского транспорта?

———————————

Б.19. * Слушайте рассказ Натальи Петровны второй раз. Слушайте и читайте предложения. Выражайте своё согласие или несогласие с тем, о чём говорится в этих предложениях.

1   *Нет*   Наталья Петровна живёт вместе с дочерью и её мужем.

2 _____ Они переехали в новую квартиру в прошлом году.

3 _____ Наталья Петровна ездит на работу в другой конец Москвы.

4 _____ Наталье Петровне в прошлом году исполнилось 52 года.

5 _____ Метро в Митине скоро построят.

6 _____ Наталья Петровна едет на работу на автобусе, потом на метро, затем опять на автобусе.

7 _____ На метро она едет больше часа.

8 _____ Наталья Петровна делает пересадку в центре.

9 _____ Наталья Петровна разговаривает с корреспондентом уже 20 минут, а автобуса всё нет.

10 _____ Автобусы часто ходят днём.

11 _____ Наталья Петровна ездит на работу днём.

12 _____ В час пик в автобусе много народу.

13 _____ В автобусе Наталья Петровна обычно сидит.

14 _____ Молодёжь всегда уступает место.

15 _____ Наталье Петровне жалко молодых людей.

Б.20. * Прослушайте рассказ Натальи Петровны третий раз. Вы поняли, что Наталья Петровна мечтает выйти на пенсию. Почему же Наталья Петровна хочет поскорее выйти на пенсию? Наталья Петровна называет 4 причины. Можете ли вы назвать эти причины?

_____

_____

_____

_____

_____

○ Как вы понимаете диалог?

Б.21. * Прослушайте диалоги первый раз. Читайте вопросы. Ответьте на вопросы. Ответьте ДА или НЕТ.

первый диалог

Мужчина знает, как добраться до музея? _____

второй диалог

Девушка знает, как проехать к музею? _____

в городе

третий диалог

    1 Молодой человек знает, как доехать до музея? _____

    2 Женщина знает, как проехать к музею? _____

четвёртый диалог

    Женщина выходит на следующей остановке? _____

Б.22. * Слушайте диалоги второй раз. Читайте предложения. Выражайте своё согласие или несогласие с тем, о чём в них говорится.

второй диалог

1 _Нет_ Ларисе надо сесть на двадцатый автобус.

2 _____ Автобус останавливается за углом.

3 _____ За углом надо повернуть налево.

4 _____ Девушка знает, сколько Ларисе надо проехать остановок.

5 _____ Девушка предлагает спросить дорогу в музей у кого-нибудь ещё.

третий диалог

1 _____ В автобусе очень много народу.

2 _____ Ларисе трудно пройти вперёд.

3 _____ Молодой человек предложил Ларисе сесть.

4 _____ Лариса не села, потому что рядом стояла пожилая женщина.

5 _____ Молодой человек сказал, что Ларисе надо ехать в другую сторону.

6 _____ Женщина, которая стояла рядом, сказала, что надо ехать в обратную сторону.

7 _____ Ларисе надо выходить на второй остановке.

четвёртый диалог

1 _____ Женщина выходит через три остановки.

2 _____ Лариса не может пройти, потому что в автобусе много народу.

3 _____ Женщина предложила Ларисе ехать на такси.

4 _____ Водитель специально для Ларисы открыл дверь.

давайте послушаем
_____

Б.23. * Прослушайте диалоги третий раз. Затем слушайте вопросы и отмечайте правильные ответы.

первый диалог

    а) он был в музее, но забыл, как туда пройти
    б) он ни разу не был в музее
    в) у него нет времени разговаривать

второй диалог

    а) девушка не знает, где остановка автобуса
    б) девушка не знает, в какую сторону Ларисе ехать
    в) девушка не знает, сколько остановок Ларисе надо проехать

третий диалог

1 а) потому что в автобусе много народу
    б) потому что он не может закрыть дверь
    в) потому что автобус сломался

2 а) молодые люди сидят, а пожилые люди стоят
    б) молодые люди не знают, где находится музей Пушкина
    а) молодые люди невежливо разговаривают

четвёртый диалог

1 а) потому что ей нравится ехать в автобусе
    б) потому что в автобусе много народу
    в) потому что в автобусе она встретила знакомую женщину

2 а) потому что Лариса хотела узнать у женщины дорогу к музею
    б) потому что Лариса хотела узнать, где стоянка такси
    в) потому что Лариса хотела выйти, а женщина не могла её пропустить

3 а) водитель закрыл дверь и не открыл её
    б) водитель не закрывал дверь
    в) водитель сначала закрыл дверь, потом открыл её

⊂ **Проверьте себя!**

Б.24. Прослушайте рассказ Натальи Петровны ещё раз. Восстановите пропущенные слова и предложения.

    Я живу с сыном и его семьёй. Два года назад мой сын _____ _____ в Митине. Два года! Как быстро _____,

128

а кажется, только вчера _____. Сыну _____

квартиру в Митине. Вы, наверное, слышали? Это новый _____

Москвы. Работаю же я совершенно _____ Москвы.

Каждый день я _____. Я ещё совсем

нестарая женщина. Мне чуть больше пятидесяти. В прошлом месяце 54 года

_____. Но в последнее время я часто задумываюсь _____

_____. Уж очень тяжело _____.

   Ну, во-первых, до работы нет _____.

Метро в нашем районе нет. И когда построят — неизвестно. До работы мне

приходится добираться _____. Сначала на

автобусе, потом на метро. На автобусе _____ я еду

около двадцати минут. А потом около часа _____.

Почему так долго? Да потому что приходится _____.

Я пересаживаюсь _____. Вот так. Автобус, потом

метро. Очень долго.

   Во-вторых, автобусы _____ редко. Вот и сейчас. Сколько

мы с вами разговариваем? Да уж минут десять. А _____ все нет.

Да… Автобусы — это всегда проблема. Очень плохо _____

_____. Особенно днём.

   _____ всегда много народу. Ведь я обычно

езжу _____. Все едут _____, и я еду

_____. Все едут _____, и я

возвращаюсь _____. Особенно много людей _____.

Едешь обычно _____. Никто места _____.

Да я молодёжь понимаю. Смотрю иногда на молодых — бледные, уставшие,

многие _____ спят. Мне молодёжь жалко.

   И почему у нас так мало думают _____! Сначала

надо _____ думать, а потом новые дома строить!

Б.25. Прослушайте диалоги ещё раз. Восстановите пропущенные слова и
предложения.

первый диалог
На улице разговаривают Лариса и мужчина.

Лариса: Скажите, пожалуйста, _____ Пушкина?

Мужчина: До музея Пушкина? А где он? Я и не знаю. Спросите у _____

   _____ другого.

второй диалог

На улице разговаривают Лариса и девушка.

Лариса: Девушка, _____, как добраться до музея Пушкина?

Девушка: Как добраться до музея Пушкина? О! Это очень просто. _____ _____ на пятый автобус.

Лариса: На пятый автобус? А где он _____?

Девушка: Тут, недалеко. Вон, за _____ домом.

Идите _____. За домом поверните _____.

И сразу увидите _____... По-моему, к музею

ещё идёт десятый _____. Но я точно не

помню. Нет, лучше _____ на пятом.

Лариса: Извините, а вы не скажете, сколько _____?

Девушка: Сколько остановок до музея? _____.

Спросите _____ у кого-нибудь _____.

третий диалог

В автобусе разговаривают Лариса, водитель автобуса, молодой человек (м. человек) и пожилая женщина (п. женщина).

Водитель: Осторожно! Двери _____. Следующая _____ «Школа».

Лариса: Ой, я никак не _____. _____, пожалуйста, немного _____.

Водитель: Девушка, не _____. Проходите, проходите, _____. Осторожно, _____ закрываются!

М. человек: Девушка, _____. Сегодня в автобусе столько народу! _____!

Лариса: Нет, нет, спасибо. Я боюсь проехать _____.

Вы не скажете, как мне _____

Пушкина? _____ мне выходить?

М. человек: На какой остановке вам _____? Так вы едете не _____! Вам надо ехать в _____ сторону!

Лариса: Как в обратную сторону?! А мне сказали, что надо ехать _____ _____.

П. женщина: Ну что вы говорите, _____! Почему в обратную? Правильно она _____. Правильно, девушка, _____, правильно! _____ _____ вам выходить. Через две, _____.

Лариса: Большое спасибо.

П. женщина: _____! Где музей Пушкина, не знает!

четвёртый диалог

В автобусе разговаривают Лариса и женщина.

Лариса: Извините, вы выходите _____?

Женщина: Нет, я выхожу _____.

Лариса: Через одну? Тогда разрешите _____. Я _____ сейчас… Ой, никак не _____! _____ меня, пожалуйста. Я сейчас _____ свою остановку. Водитель, _____. Откройте, пожалуйста, _____. Ух! Спасибо.

ЧАСТЬ B. Давайте поиграем!

B.1. Вы учитесь в университете. Перед вами план района, где находится ваш университет.

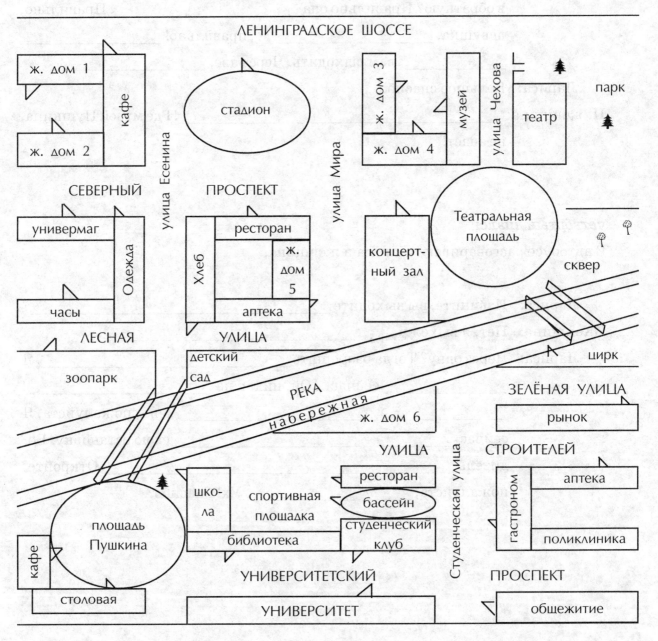

Сейчас вы в университете.

Найдите на плане три места, куда бы вы хотели попасть. Вы собираетесь пойти туда пешком.

Расспросите своего партнёра, как вам пройти.

В.2. Посмотрите ещё раз на план района, где находится ваш университет.

Найдите на плане ещё три места, куда бы вы хотели попасть. Но теперь вы не хотите идти пешком. Вы поедете на машине.

Расспросите своего партнёра, как вам доехать.

В.3. Перед вами план города с маршрутами движения городского транспорта. Расспросите своего партнёра, как вам доехать до...

Партнёр А смотрит игровое задание № 23.
Партнёр Б смотрит игровое задание № 53.

В.4. Посмотрите на картинки. Знаете ли вы, как называются эти виды транспорта? Поставьте номер картинки около слова, которое соответствует этой картинке.

_____ самолёт	_____ лодка
_____ мотоцикл	_____ машина
_____ велосипед	_____ пароход
_____ вертолёт	_____ лошадь
	_____ поезд

А теперь напишите, на чём мы ездим, летаем, плаваем.

Мы ездим на _____

Мы плаваем на _____

Мы летаем на _____

Узнайте у своего партнёра, пользовался ли он когда-нибудь теми видами транспорта, которые изображены на картинках. Спросите у него:

Ты когда-нибудь летал на вертолёте?
Ты когда-нибудь ездил на лошади?..

У вас были интересные забавные случаи, когда вы летели, плыли или ехали куда-нибудь? Вспомните 2—3 таких случая. Расскажите их своему партнёру.

Выберите из тех рассказов, которые рассказал вам партнёр, самые интересные. Расскажите их в группе.

В.5. Посоветуйте вашему партнёру, как доехать на метро до…

Перед вами схема московского метро.

1. Партнёр А смотрит на схему метро.
   Партнёр Б смотрит игровое задание № 55.

   Партнёр Б едет со станции метро «Алтуфьевская».

   Партнёр Б хочет попасть:
   1) в Большой театр (станция метро «Охотный ряд»);
   2) на Поклонную гору (станция метро «Кутузовская»);
   3) в музей-квартиру Л. Н. Толстого (станция метро «Парк культуры»).

2. Партнёр Б смотрит на схему метро.
   Партнёр А смотрит игровое задание № 24.

   Партнёр А едет со станции метро «Университет».

   Партнёр А хочет попасть:
   1) в Кремль (станция метро «Площадь Революции»);
   2) в Третьяковскую галерею (станция метро «Третья-ковская»);
   3) на Речной вокзал (станция метро «Речной вокзал»).

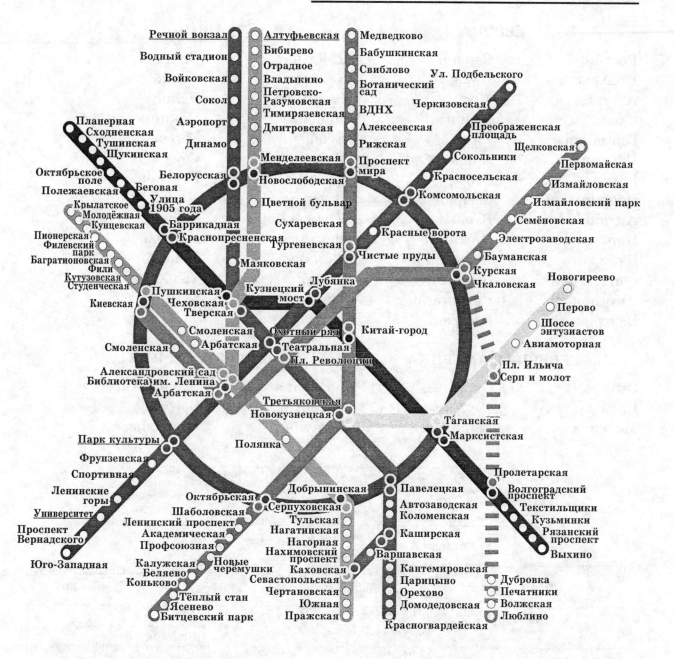

B.6. * Как вы думаете, что это значит? Составьте русскую пословицу и связные словосочетания.

Партнёр А смотрит игровое задание № 28.
Партнёр Б смотрит игровое задание № 54.

B.7. * Составьте маршруты полётов.

Перед тем как отправиться путешествовать на самолёте, проверьте себя, хорошо ли вы знаете названия стран и названия столиц.

Перед вами названия некоторых стран и их столиц.
Соедините линией название страны и название столицы этой страны.

ЕВРОПА

Россия	Берлин	
Польша	Париж	
Австрия	Москва	
Франция	Афины	
Германия	Рим	
Испания	Лондон	
Греция	Вена	
Италия	Мадрид	
Англия	Варшава	
Португалия	Лиссабон	
Дания	Хельсинки	
Финляндия	Будапешт	
Югославия	Копенгаген	
Венгрия	Белград	

АЗИЯ

Тайвань	Сингапур
Таиланд	Токио
Сингапур	Дели
Япония	Пекин
Египет	Тегеран
Иран	Сеул
Китай	Бангкок
Вьетнам	Манила
Южная Корея	Тайбэй
Израиль	Анкара
Филиппины	Ханой
Индия	Тель-Авив
Турция	Каир

СЕВЕРНАЯ АМЕРИКА

США	Оттава
Канада	Мехико
Мексика	Вашингтон

ЮЖНАЯ АМЕРИКА

Бразилия	Буэнос-Айрес
Аргентина	Богота
Колумбия	Бразилиа

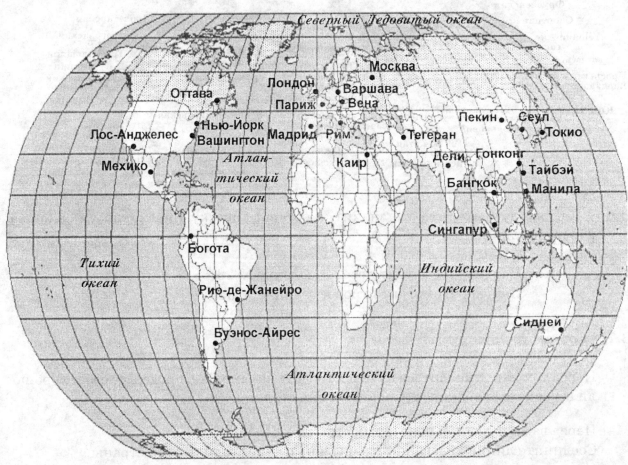

1 Партнёр А смотрит на карту мира.
   Партнёр Б смотрит игровое задание № 56.

   Партнёр Б летит из Москвы.
      Ему надо побывать
        в Буэнос-Айресе, в Токио, в Оттаве.

2 Партнёр Б смотрит на карту мира.
   Партнёр А смотрит игровое задание № 25.

   Партнёр А летит из Москвы.
      Ему надо побывать
        в Тайбэе, в Лос-Анджелесе, в Сиднее.

В.8. Скажите, куда стоит отправиться путешествовать.

   Партнёр А смотрит игровое задание № 27.
   Партнёр Б смотрит игровое задание № 58.

В.9. Куда бы поехать? Ответьте на вопросы вашего партнёра.

   Партнёр А смотрит игровое задание № 26.
   Партнёр Б смотрит игровое задание № 59.

ЧАСТЬ Г. Это может быть интересно всем!

Ответьте на вопросы преподавателя:

1 Какие виды транспорта есть в вашем родном городе?
2 Какие виды транспорта в вашей стране основные? Как вы думаете, почему?
3 Какие проблемы вы видите в работе городского транспорта в вашем городе?
4 В вашем городе есть метро? Как вы думаете, каким должно быть метро?
5 Какой должна быть современная машина? Что делает машину удобной и для взрослого, и для ребёнка?
6 Транспорт и человек. Какие проблемы вы видите здесь? Например:
      а) если на улице большое движение, где пешеходы должны переходить улицу: над землёй или под землёй;
      б) как защитить человека от шума больших городов;
      в) как защитить человека от выхлопных газов.
      А какие проблемы видите вы? Назовите их и обсудите в группе.
7 Какие достопримечательности есть в вашем родном городе?
8 Какие города мира вы хотели бы посмотреть? Почему вы хотите побывать именно в этих городах?

Ты и я. Поговорите друг с другом!

Игровые задания

ПАРТНЁР А

Хорошо ли быть одним ребёнком в семье?

Расспросите своего партнёра, в чём он видит плюсы и минусы, когда в семье один ребёнок; в чём он видит плюсы и минусы, когда в семье много детей.

Кратко запишите ответы своего партнёра.

	один ребёнок в семье	много детей в семье
плюсы		
минусы		

Расскажите в группе, что думает ваш партнёр.
Обсудите в группе данную проблему.

138

Z

Расскажите о семье Наташи.

Перед вами генеалогическое древо семьи Наташи. Через пять дней Наташа выходит замуж за Андрея. Генеалогическое древо семьи Андрея — у вашего партнёра.

Расспросите своего партнёра о семье Андрея.
Расспрашивайте и рисуйте генеалогическое древо семьи Андрея.

Между прочим, поинтересуйтесь:

а) как зовут членов этой семьи;
б) как зовут взрослых членов этой семьи по имени-отчеству;
   как будут звать младших членов семьи, когда они станут взрослыми;
в) как обращаются друг к другу эти люди дома;
г) у кого в этой семье одинаковые имена; в честь кого даны эти имена;
д) как будет обращаться Наташа к членам семьи Андрея, когда станет его женой;
е) у кого в семье Андрея скоро будет день рождения.

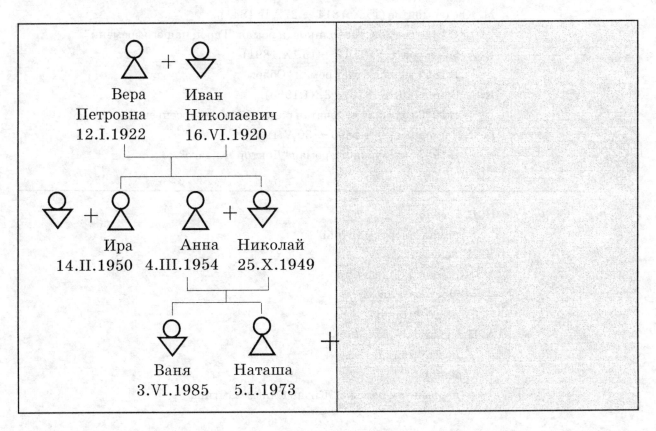

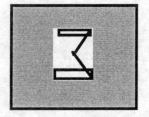

Узнайте у своего партнёра, когда жили и творили известные русские писатели и поэты.

В вашем задании
а) указаны даты рождения и смерти А. С. Пушкина, М. Ю. Лермонтова, И. А. Гончарова, И. А. Бунина и Б. Л. Пастернака;
б) указаны их основные произведения и время, когда эти произведения были написаны (закончены; опубликованы, вышли в свет).

У вашего партнёра информация о других пяти писателях и поэтах: о Н. В. Гоголе, Л. Н. Толстом, Ф. М. Достоевском, А. П. Чехове и М. Горьком.

Задавайте вашему партнёру вопросы. Вам **нельзя** начинать вопрос с *КОГДА*. Вы можете только задавать следующие вопросы: Какого числа…? В каком месяце…? В каком году…?

Кто из вас, вы или ваш партнёр, быстрее соберёт всю информацию?

А. С. Пушкин (6.VI.1799 — 10.II.1837)
В 1831 году был закончен роман в стихах "Евгений Онегин".
М. Ю. Лермонтов (15.X.1814 — 27.VII.1841)
В 1840 году был опубликован роман "Герой нашего времени".
И. А. Гончаров (6.VI.1812 — 15.IX.1891)
В 1859 вышел в свет роман "Обломов".
И. А. Бунин (10.X.1870 — 8.XI.1953)
В 1930 году был напечатан роман "Жизнь Арсеньева".
Б. Л. Пастернак (29.I.1890 — 30.V.1960)
В 1957 был закончен роман "Доктор Живаго".

Н. В. Гоголь
роман "Мертвые души"
Л. Н. Толстой
роман "Война и мир"
Ф. М. Достоевский
роман "Идиот"
А. П. Чехов
пьеса "Чайка"
М. Горький
первый том романа "Жизнь Клима Самгина"

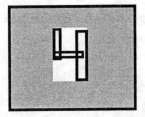

Расскажите о своей семье.

Внизу слева нарисуйте генеалогическое древо своей семьи.

Расспрашивайте своего партнёра о его семье.
Внизу справа рисуйте генеалогическое древо вашего партнёра.

Не забудьте спросить у вашего партнёра:

1 Когда он родился (она родилась)?
2 У вашего партнёра есть братья и сёстры? Если есть, то узнайте, когда они родились?
3 Кто самый старший в семье? Кто самый младший в семье?
4 На сколько лет кто кого старше или младше?
5 Кто в семье женат и кто замужем? Кто еще не женат и не замужем? А может быть, кто-то собирается скоро жениться?
6 На ком женат этот мужчина и за кем замужем эта женщина?
7 Когда они поженились? Когда мужчина женился, а женщина вышла замуж? Сколько времени они женаты?
8 Кто в семье на пенсии? Когда эти люди вышли на пенсию?

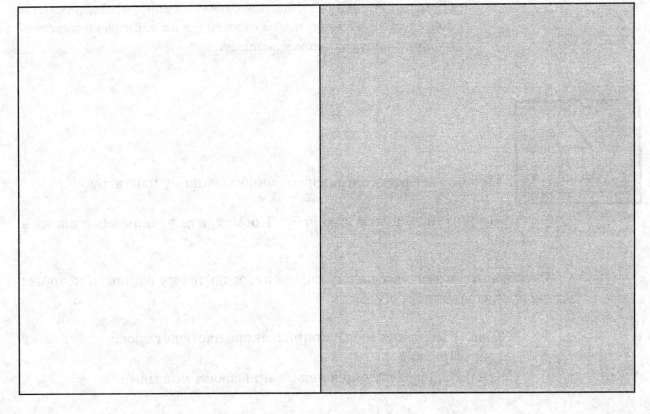

Как нам жить дальше?

Вы и ваш партнёр — семейная пара. У вас двое детей, собственный дом и машина. Вы женаты десять лет. Но сейчас вы решили развестись.

Вы выступаете в роли жены. А ваш партнёр — в роли мужа.

Придумайте:

1) историю вашей жизни;
2) назовите причины вашего развода;
3) скажите, что вы хотите от суда.

Ваша группа — это члены суда. Выступите перед судом. Пусть он решит ваши проблемы.

А сейчас прочитайте, какую, например, историю вы можете придумать:

> Меня зовут Анна Николаевна. Мне 32 года. Я врач. Мы поженились с Николаем десять лет назад. У нас двое детей — мальчик и девочка. Коля всегда был хорошим отцом. Но год назад он встретил другую женщину. Он стал часто уходить из дома. Он совсем перестал заниматься детьми. Я всё ещё люблю его. Но жить так, как мы живём сейчас, я больше не могу. Я хочу, чтобы дети остались со мной. Я хочу, чтобы отец видел их один раз в месяц. Я прошу оставить мне дом и машину.

Прочитайте шутки и задайте вопросы вашему партнёру.

Прочитайте шутки про себя. Посмотрите незнакомые слова в словаре.

Расскажите эти шутки своему партнёру, задайте ему вопросы, которые вы прочитаете после шуток.

1. Жена: У меня для тебя сюрприз: скоро нас будет трое.
    Муж: Правда?
    Жена: Да, на следующей неделе приезжает моя мама.

Вопросы: О чём подумал муж?

Как вы думаете, муж обрадовался, когда услышал эту новость?

2. Молодая жена: Тебе нравится, как я готовлю?

Муж: Очень.

Молодая жена: А что тебе нравится больше всего?

Муж: Бутерброды.

Вопрос: Молодая жена хорошо готовит?

3. Муж и жена гуляют в парке. Вдруг муж говорит жене:

— Прошу тебя, постарайся казаться счастливой!

— Зачем?

— Женщина, которая идёт нам навстречу, — моя бывшая жена.

Вопрос: Почему муж попросил жену <u>казаться</u> счастливой?

ВНЕШНОСТЬ

Вам надо узнать человека по описанию.

Вы — сотрудник туристического агентства, а ваш партнёр — шеф этого агентства.

Завтра к вам прилетают туристы из Англии. Их двое. Вы, конечно, их никогда не видели. Вам надо встретить их в аэропорту.

Вы разговариваете с вашим шефом, у которого на столе лежат фотографии этих иностранцев. Спросите у него:

  а) как зовут иностранцев;

  б) в котором часу прилетает их самолёт;

  в) как выглядят эти иностранцы;

  г) как они могут быть одеты.

Посмотрите на картинки на стр. 59. Вы узнали людей, которых описывал ваш партнёр? Покажите их вашему партнёру.

Дальше смотрите игровое задание № 13.

Расскажите, как одеты люди, которых вы видите на картинках.

Справа от картинки вы видите слова. Эти слова обозначают предметы, которые вы видите на женщине. Возьмите карандаш. Соедините слова и предметы.

берет

заколка

серьги

бусы

брошка

платье (платье из шёлка, платье в горошек)

отделка (платье с отделкой)

бант (платье с бантом)

карман

браслет

носовой платок

кольцо

колготки

туфли

каблук (туфли на высоком каблуке)

платформа (туфли на платформе)

Опишите своему партнёру мужчину.

Обязательно скажите:
    какой он; как он выглядит; во что он одет.

Если вы не знаете каких-то слов, которые нужны вам при описании внешности этого мужчины, спросите у своего партнёра. Задайте ему такие вопросы:

    Что это такое?
    Как это называется?

Дальше смотрите игровое задание № 12.

144

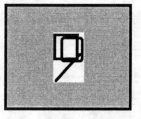

Опишите людей, которых вы видите на картинках.
Расскажите об этих людях.

Прочитайте, например, рассказ о человеке, которого вы видите на первой картинке.

Это Николай Иванович Пиджаков. Он бизнесмен. Ему 35 лет. Он разведён. У него двое детей. У него есть машина и дом под Москвой. У него «Мерседес» красного цвета.

Он высокий и стройный. У него прямой длинный нос, тёмно-голубые глаза и короткие светлые волосы.

Обычно он ходит в костюме и галстуке. Одевается он всегда модно, но иногда безвкусно. Галстуки любит красного и синего цвета. Очень любит, когда на галстуке нарисованы пальмы или бананы.

1. Напишите о людях, которых вы видите.
   Не забудьте написать:
   кто эти люди; сколько им лет; как они выглядят; мужчины женаты или не женаты (женщины замужем или не замужем); как они одеты сейчас; как они одеваются обычно.

1 _____

_____

_____

_____

_____

_____

_____

2. _____
_____
_____
_____
_____
_____
_____
_____
_____

3. _____
_____
_____
_____
_____
_____
_____
_____
_____
_____

Расскажите об этих людях своему партнёру.

2. Сейчас послушайте рассказ вашего партнёра.
   Перед вами 3 картинки.
   На них люди, которых описывает ваш партнёр.

   Кратко запишите рассказ своего партнёра.

_____

_____

_____

_____

_____

_____

_____

_____

_____

_____

Выберите из историй, которые придумал ваш партнёр, самую забавную и весёлую. Расскажите её своим друзьям в группе.

Послушайте, какие истории расскажут другие. Решите, чья история самая весёлая и интересная.

Вы назначаете встречу человеку, которого никогда не видели.

У вас есть деловой партнёр. Вы никогда не виделись, но много раз разговаривали по телефону. Сейчас вам необходимо поговорить с ним лично. У вас есть к вашему партнёру деловое предложение, и вы хотите поговорить о нём не по телефону.

Вы звоните своему партнёру и начинаете диалог. Ответные реплики диалога — у вашего партнёра.

Читайте диалог вместе со своим партнёром. Вместо имён, которые вы прочитаете в диалоге, употребите свои имена.

1 — Алло, попросите, пожалуйста, (Владимира Сергеевича).
2 —

3 — Алло, это (Владимир Сергеевич)? Очень приятно. С вами
     говорит (Олег Николаевич).
4 —

5 — (Владимир Сергеевич), у меня к вам есть дело. Я хотел бы с
     вами встретиться и поговорить. Это не телефонный разговор.
     Хорошо бы нам увидеться.
6 —

7 — Если вам удобно, давайте встретимся сегодня где-нибудь в центре.
8 —

9 — Прекрасно. Вы ничего не имеете против ресторана «Москва»?
10 —

11 — Договорились. Тогда в шесть часов у входа в гостиницу.
12 —

Дальше диалог продолжайте самостоятельно.
Поинтересуйтесь у своего партнёра, как он выглядит, как он будет одет.

Закончите разговор следующими словами:

13 — Буду рад с вами увидеться. До встречи.
14 —

Вы рассматриваете «фотографии» и удивляетесь, как меняются люди.

Перед вами две «фотографии». Это Евгений Викторович и Елена Семёновна. Они женаты уже 20 лет.

У вашего партнёра тоже две «фотографии». На этих «фотографиях» тоже Евгений Викторович и Елена Семёновна, но 20 лет назад, когда их звали ещё Женечка и Леночка.

Посмотрите на свои картинки и опишите Евгения Викторовича и Елену Семёновну.

Как же изменились эти люди за 20 лет?
Посмотрите на картинку у вашего партнёра и расскажите, как изменился Евгений Викторович за 20 лет.

Обсудите со своим партнёром, почему так изменились эти люди.

А теперь представьте, что вы — Евгений Викторович.
Придумайте историю своей жизни.

Расскажите о себе своим коллегам по группе.

Послушайте, что расскажут другие.
Решите, чья история самая забавная.

Как вы думаете, что это за человек?

Расспросите своего партнёра о женщине, которую он описывал. Задайте ему такие вопросы:

1 Как зовут эту женщину?
2 Кто она?
3 Сколько ей лет?
4 Эта женщина замужем?
5 Кто её муж?
6 У неё есть дети?
7 Эта женщина всегда так одевается?
8 Какую одежду эта женщина считает удобной, а какую неудобной?
9 Какие цвета любит эта женщина (одежду какого цвета обычно носит эта женщина)?
10 Где эта женщина обычно покупает одежду?
11 Она любит ходить по магазинам?
12 Какие магазины её самые любимые?
13 Какая у неё квартира?
14 Эта женщина хорошо готовит?
15 Она любит читать? Какие книги она читает?

Послушайте вопросы, которые задаёт вам партнёр. Ответьте на них.

А теперь вы сами расскажите об этой женщине.

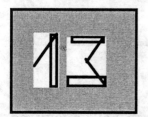

Вы описываете человека, а ваш партнёр должен узнать его.

Теперь вы шеф туристического агентства, а ваш партнёр — сотрудник этого агентства.

Завтра к вам прилетают туристы из Франции. Вы просите сотрудника фирмы встретить этих туристов.

Посмотрите на картинки на стр. 59. Выберите тех людей, которых вы хотите описать.

Отвечайте на вопросы вашего партнёра.

Закончите разговор с работником вашей фирмы такими словами: «Надеюсь, что вы обязательно узнаете наших клиентов. Желаю удачи!»

Попросите вашего партнёра показать вам на картинке тех людей, которых вы описывали.

Как вы думаете, что это значит?

Составьте русскую пословицу и связные словосочетания.

Знаете ли вы эти слова? Если нет, то посмотрите в словаре.

> *чулок*
> *ворона*
> *блестеть*

У вас одна часть словосочетания, у вашего партнёра — другая.

> *1 синий...*
> *2 ...что блестит*
> *3 белая...*

Составьте словосочетания.
Проверьте, правильно ли вы составили словосочетания, по ключу.

Придумайте с каждым словосочетанием свои ситуации.
Расскажите их в группе.

В чём плюсы и минусы специальной одежды?

В вашей стране есть специальная одежда для школьников, врачей и медсестёр, больных, продавцов в магазинах?

Какая это одежда?

Где ещё люди носят специальную одежду?

Обсудите со своим партнёром, в чём плюсы и минусы специальной одежды для школьников (школьной формы), для врачей и медсестёр, для продавцов в магазинах. Кратко запишите, что думает об этом ваш партнёр.

	плюсы	минусы
школьная форма		
белые (или зелёные) халаты у врачей и медсестёр		
специальная одежда у продавцов в магазинах		

Расскажите в группе, что думает ваш партнёр.
Обсудите эту проблему в группе.

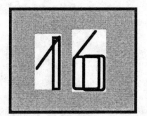

Вы рисуете и описываете «людей», которые прилетели из космоса, с других планет.

Сейчас 2500 год. Вчера приземлился космический корабль. Вы были в составе делегации, которая встречала этот корабль. На его борту были странные существа.

Нарисуйте этих «людей» — инопланетян — и опишите их.

Расскажите о вашей встрече.
Решите, чей рассказ самый интересный.

Задайте вопросы вашему партнёру.

1. Вы задаёте вопросы своему партнёру. Ваш партнёр отвечает. Он должен ответить только ДА или НЕТ. Отметьте ответы вашего партнёра (✔).

	да	нет
Вы живёте в городе?	—	—
Вы живёте в многоквартирном доме?	—	—
Ваш дом в пригороде?	—	—
В вашем доме пять этажей?	—	—
Около вашего дома есть парк?	—	—
От вашего дома до университета вы едете на автобусе?	—	—
Вы живёте с родителями?	—	—
Вы хотите иметь свой дом?	—	—
У вас есть машина?	—	—

Если ваш партнёр ответил на ваш вопрос отрицательно, то расспросите его по образцу:

Образец: Хорошо! Вы живёте не в городе.
Но если вы живёте не в городе, то где вы живёте?

2. Теперь ваш партнёр задаёт вам вопросы. Отвечайте только ДА или НЕТ.

В чём плюсы и минусы жизни в многоквартирном жилом доме и в отдельном коттедже?

Расспросите своего партнёра, в чём он видит плюсы и минусы жизни в многоквартирном жилом доме и в отдельном коттедже. Кратко запишите ответы своего партнёра.

	плюсы	минусы
многоквартирный жилой дом		
коттедж		

Расскажите группе, что думает ваш партнёр.

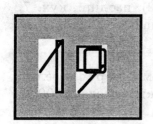

Помогите вашему партнёру снять квартиру.

Вы работаете в Московской центральной бирже недвижимости. Ваш партнёр — клиент этой биржи.

Сегодня вы можете предложить своим клиентам 13 квартир. Прочитайте объявления, опубликованные в газете, которую издаёт ваша биржа.

Познакомьтесь с условными обозначениями
(незнакомые слова посмотрите в словаре):

м. — метро
1-комн. кв-ру — сдаём однокомнатную квартиру
5 мин. п. от метро — 5 минут пешком от метро
1/5-эт. кирп. дома — первый этаж пятиэтажного кирпичного дома
изол. — комнаты изолированные

20+15 кв.м. — одна комната 20 квадратных метров, другая
комната —15 квадратных метров

кух. 9 — кухня 9 квадратных метров

Т., тел. — телефон

холод. — холодильник

длит. срок — длительный срок (сдаём на длительный срок)

300 $/мес. — 300 долларов в месяц

Академическая м. 1-комн. кв-ру, метро рядом, 20 кв. м, кухня 9,5, 4/12-эт. дома, мебель хор. (можно пустую), сдаю. Т. 533-86-23

Шаболовская м. 1-комн. кв-ру, 4/9-эт. дома, 20 кв.м., кухня 9, телевизор, мебель, телефон, сдаю на длит. срок, 250-300 $/мес. Т. 144-78-28

Речной вокзал м. 1-комн. кв-ру, 17 кв.м. комн., кухня 5, 2/5-эт. дома, мебель, тел., балкон, сдаю срочно, 250 $/мес. Т. 176-46-87.

Спортивная м. 2-комн. кв-ру, можно как 1-комн., метро рядом, 18+16 кв.м., изол., кухня 9, 3/12-эт. дома, мебель, тел., холод., телевизор, сдаю. Т. 957-34-86

Сокол м. 1-комн. кв-ру, 5 мин. п. от метро, 1/5-эт. кирп. дома, 20 кв.м., кухня 6, мебель, тел., холодильник, телевизор, сдаю на длительный срок семье москвичей. 400 $/мес. Т. 146-23-69

Автозаводская м. 2-комн. кв-ру, ул. Автозаводская, изол., 20+18 кв.м., кухня 10, 4/8-эт. кирп. дома, кв-ра чистая, с тел., мебелью, сдаю на длительный срок. Можно как 1-комн. кв-ру. Т. 957-83-86

Тимирязевская м. 2-комн. кв-ру, 7 мин. п. от метро; изол. 18+12 кв.м., кухня 9, мебель, тел., 3/9-эт. дома, балкон, сдаю только россиянам. Т. 740-25-46

Университет м. 2-комн. кв-ру, 3 мин. п. от метро, 38 кв.м., изол. комн., кухня 7,5 кв.м., 6/9-эт. кирп. дома, тел., балкон, после хорошего ремонта, с мебелью, сдаю только москвичам. 400 $ в месяц. Т. 958-24-84

Коломенская м. 2-комн. кв-ру, рядом с метро; изол. 17+14 кв.м., кухня 8, 5/9-эт. кирп. дома, хорошая мебель, тел., чисто, сдаю на длительный срок. Можно как 1-комн. кв-ру. Т. 167-24-16, 10.00-21.00 ч., Татьяна Павловна

Щелковская м. 2-комн. кв-ру, метро рядом, 7/9-эт. дома, (18-12), изолир., кух. 7, балкон, тел., мебель, сдаю на длительный срок. Т. 746-26-82

Измайловская м. 2-комн. кв-ру с мебелью и тел., семье русских москвичей сдаю, 300 $/мес. Т. 847-82-85

Тимирязевская м. 2-комн. кв-ру, 7 мин. п. от метро; изол., 18+12 кв.м., кухня 9, мебель, тел., 3/9-эт. дома, балкон, сдаю только россиянам. Т. 437-37-59

У вас сегодня 2 клиента. Послушайте, какие квартиры нужны вашим клиентам. Найдите удобную для них квартиру.

Предложите своим клиентам квартиры. Используйте следующие конструкции:

я могу вам предложить *что?*

я хочу вам предложить *что?*

мне хотелось бы вам предложить *что?*

Дальше смотрите игровое задание № 22.

Вы переставляете мебель в комнате.

Вы сделали ремонт в своей квартире и хотите переставить мебель. К вам приехала сестра (или брат) помочь сделать перестановку.

Вам надо с партнёром расставить, разложить и развесить следующие предметы:

диван	письменный стол	журнальный столик
два кресла	стулья	шкаф
книжные полки	картина	часы
книги	ковёр	ваза с цветами

Перед вами план вашей комнаты. Изображайте на плане предметы, которые вы расставляете, раскладываете и развешиваете в комнате.

Ведите со своим партнёром диалог. Вы начинаете диалог. Ответные реплики — у вашего партнёра.

Партнёр А: — Поставь диван справа от окна.

Партнёр Б: —

Партнёр А: — Хорошо. Давай поставим диван слева от окна.

Партнёр Б: —

Партнёр А: — Нет, не ставь стол около двери, а поставь его напротив окна.

Партнёр Б: —

Партнёр А: — Как хорошо тут стоит стол! Теперь поставь... и т.д.

Расставляйте предметы в вашей комнате.

план вашей комнаты

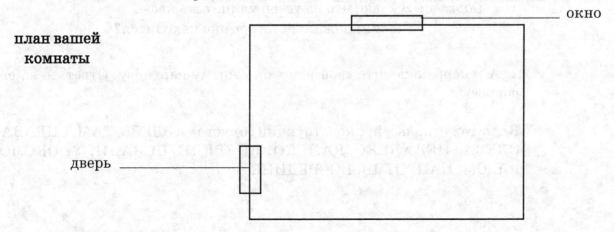

Расскажите своему партнёру, как сейчас стоят, лежат, висят вещи в комнате.

Нарисуйте и обсудите план улицы, на которой вы живёте.

Нарисуйте план улицы, на которой вы живёте. Укажите на ней магазины, рестораны, дома, где живут ваши друзья, и т. д.

Напишите то, что вы нарисовали, слева от вашей картинки.

1 Мой дом. _____

2 _____

3 _____

4 _____

5 _____

6 _____

7 _____

8 _____

9 _____

10 _____

```
┌──────────────────────────┐
│                          │
│          ┌──────┐        │
│          │  1   │        │
│          └──────┘        │
│                          │
└──────────────────────────┘
```

1. Посмотрите на рисунок вашего партнёра.
Читайте то, что написано слева от его рисунка.

Расспрашивайте своего партнёра, где что находится.

Образец: Я знаю, что на твоей улице есть кафе.
Скажи, пожалуйста, где оно находится?

2. А теперь покажите свой рисунок вашему партнёру. Ответьте на его вопросы.

В ответах используйте конструкции со словами ЗДЕСЬ/ТАМ, СПРАВА/СЛЕВА, НЕДАЛЕКО/ДАЛЕКО, ВПЕРЕДИ/ПОЗАДИ, У, ОКОЛО, РЯДОМ, НАПРОТИВ, ПОСРЕДИНЕ.

Помогите вашему партнёру снять квартиру.

Сейчас вы клиент Московской центральной биржи недвижимости. Ваш партнер работает на этой бирже.

а) Представьте, что вы аспирантка (аспирант) МГУ. Вы приехали из Италии. Вы хотите снять однокомнатную квартиру. Вы хотели бы, чтобы эта квартира была недалеко от метро. В ней должны быть телефон и мебель.

Скажите своему партнёру, что вы хотите. Используйте конструкции:

> я хочу, чтобы...
> я хочу *что делать/что сделать?*
> я хотел бы, чтобы...
> я хотел бы *что делать/что сделать?*
> мне хотелось бы, чтобы...
> мне хотелось бы *что делать/что сделать?*

б) У вас только что была свадьба. Вы со своей женой (или мужем) хотите снять двухкомнатную квартиру. Квартира должна быть недалеко от метро. Вам хотелось бы, чтобы квартира была после ремонта. В ней обязательно должен быть телефон. Квартира может быть пустой, без мебели.

Скажите своему партнёру, что вы хотите. Используйте конструкции:

> мне нужна квартира *с чем?*
> мне нужно, чтобы в квартире был (была, было, были)...

В ГОРОДЕ

Посоветуйте вашему партнёру, как ему добраться до...

Вы и ваш партнёр живёте в доме № 4 на проспекте Мира. Перед вами план. На нём изображена южная часть района, где вы живёте. На плане вы видите маршруты движения городского транспорта.

южная часть города

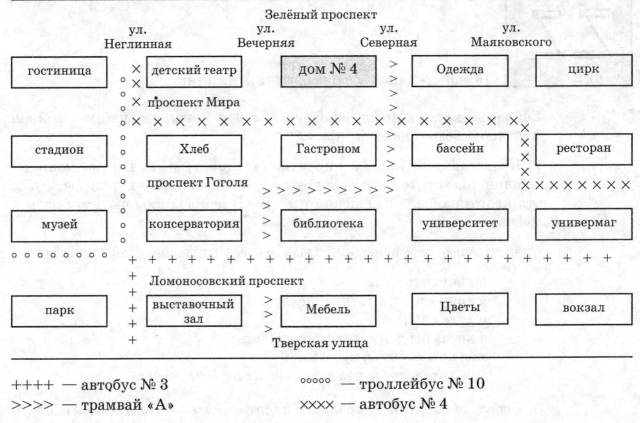

++++ — автобус № 3   ∘∘∘∘∘ — троллейбус № 10
>>>> — трамвай «А»   ×××× — автобус № 4

Сегодня вашему соседу надо поехать <u>на вокзал</u>.

Его жена собирается поехать <u>в парк</u>.

После вокзала и парка они договорились поужинать <u>в ресторане</u>.

Парк, вокзал и ресторан находятся в южной части города. Ваш сосед знает, что у вас есть план города с маршрутами движения городского транспорта. Сейчас он зашёл к вам, и вы рассказываете ему, как он и его жена могут добраться до вокзала, парка и ресторана.

Дальше смотрите игровое задание № 29.

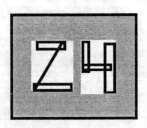

Расспросите вашего партнёра, как вам добраться до…

Вы — студент Московского государственного университета им. М.В. Ломоносова, который находится недалеко от станции метро «Университет». Вы приехали в Москву совсем недавно и ещё очень плохо знаете город.

В ближайшее время вы хотите побывать:

а) в Кремле;

б) в Третьяковской галерее;

в) вы хотите покататься на речном трамвайчике по Москве-реке.

Вы знаете, что у вашего друга есть схема московского метро. Вы пришли к своему другу и просите помочь вам.

Вы слушаете своего друга — вашего партнёра — и иногда задаёте ему вопросы. Постарайтесь, чтобы ваш друг не забыл вам сказать:

а) до какой станции вам надо доехать, чтобы попасть …;

б) нужно ли вам делать пересадку;

в) на какой станции метро вам надо делать пересадку (перейти на другую станцию);

г) сколько остановок вам нужно проехать до пересадки;

д) сколько остановок вам нужно проехать после пересадки;

е) на какой остановке вам надо выходить.

 Составьте маршруты полётов.

Вы живёте в Москве и работаете в строительной организации. Вы часто ездите в командировки. В этом году вам надо побывать:

в Тайбэе,

в Лос-Анджелесе,

в Сиднее.

Сейчас вы пришли в агентство Аэрофлота. Ваш партнёр работает в этом агентстве. Попросите его составить маршруты ваших полётов. Задайте ему такие вопросы:

1 Когда самолёт вылетает из Москвы?

2 Когда он прилетает в …?

3 Сколько времени самолёт летит (находится в полёте)?

4 За сколько времени вы долетите до …?

5 Летит ли ваш самолёт с посадкой? Если да, то в каких городах самолёт делает посадку?

6 Надо ли вам делать пересадку? Если да, то в каких городах вам придётся делать пересадку?

7 Над какими странами, городами, океанами и морями будет пролетать ваш самолёт?

Куда бы поехать? Задайте вопросы вашему партнёру.

Вы работаете в газете «Вечерняя Москва». Приближается лето. К вам в редакцию приходит много писем, в которых читатели спрашивают, где лучше провести свой отпуск, куда стоит поехать путешествовать. Перед тем как писать статью, вы решили поговорить с прохожими и узнать, а что думают о путешествиях разные люди.

Вы записали для себя несколько вопросов и обращаетесь к прохожим на улице с просьбой ответить на эти вопросы.

Ваш партнёр — это первый прохожий. Задайте ему вопросы и кратко запишите его ответы.

1 Куда бы вы хотели поехать?
Назовите 3 места, куда бы вы хотели поехать.

_____

_____

_____

2 Куда бы вы не поехали никогда?
Назовите 3 места, куда бы вы не поехали ни за что на свете.
(Куда бы вы не поехали ни за какие деньги?)

_____

_____

_____

3 В каких местах отдыхать дешевле?

_____

_____

_____

4 Если бы у вас было много-много денег, в каких городах вы бы хотели побывать?

_____

_____

_____

5 Какие достопримечательности вы бы хотели посмотреть?

_____

_____

_____

6 На каких видах транспорта вы предпочитаете ездить отдыхать?

_____

_____

На основе ответов вашего партнёра напишите маленькое сообщение и прочитайте его в группе.

_____

_____

_____

_____

_____

_____

Дальше смотрите игровое задание № 30.

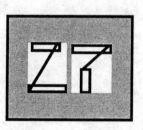

Куда стоит отправиться путешествовать?

Вы хотите посмотреть мир.
Попросите своего партнёра посоветовать вам, куда стоит поехать.

Попросите его:

   а) назвать не менее 10 мест на земном шаре, куда он советует
      поехать;
   б) объяснить, почему он советует посетить именно эти места;
   в) сказать, на каком виде транспорта и как туда добраться.

Слушайте своего партнёра и кратко записывайте его советы.

МЕСТО	ПРИЧИНА	ТРАНСПОРТ

В этом году вы сможете поехать только в какое-то одно место.

Выберите то место, куда вы хотите поехать.

Скажите своему партнёру, куда вы решили поехать.
Объясните ему, почему вы выбрали именно это место.

Как вы думаете, что это значит?

Составьте русскую пословицу и связные словосочетания.

Знаете ли вы эти слова? Если нет, то посмотрите в словаре.

ползти
заяц
черепаха
дух

164

У вас первая часть словосочетания, у вашего партнёра — вторая.

1 ползти...
2 ехать...
3 бежать...
4 тише едешь...

Составьте словосочетания.
Проверьте, правильно ли вы составили словосочетания, по ключу.

Придумайте с каждым словосочетанием свои ситуации.
Расскажите их в группе.

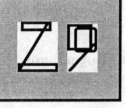

Расспросите вашего партнёра, как вам добраться до...

Вы врач. Вы приехали в Москву недавно, поэтому вы еще очень плохо знаете город. Вы живёте в доме № 4 на проспекте Мира. Ваш партнёр — ваш сосед по дому.

Сегодня вам надо побывать <u>в институте</u>, где работает ваш старый друг.
В пятницу вы хотите съездить <u>в больницу</u>, где вам предлагают работу.
В воскресенье вам хотелось бы поехать <u>на рынок</u>.

Институт, больница и рынок находятся в северной части города. У вашего соседа есть план северной части города. На нём указаны маршруты движения транспорта. Сейчас вы пришли к своему соседу и расспрашиваете его, как вам добраться до института, больницы и рынка.

Посоветуйте вашему партнёру, куда ему поехать отдыхать.

Вы работаете в туристическом агентстве. Сейчас к вам пришёл посетитель — ваш партнёр. Он хочет поехать путешествовать.

Послушайте его вопросы и постарайтесь на них ответить.

Игровые задания

ПАРТНЁР Б

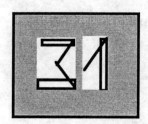

СЕМЬЯ

31

Хорошо ли быть одним ребёнком в семье?

Расспросите своего партнёра, в чём он видит плюсы и минусы, когда в семье один ребёнок; в чём он видит плюсы и минусы, когда в семье много детей.

Кратко запишите ответы своего партнёра.

	один ребёнок в семье	много детей в семье
плюсы		
минусы		

Расскажите в группе, что думает ваш партнёр.
Обсудите в группе данную проблему.

Расскажите о своей семье.

Внизу слева нарисуйте генеалогическое древо своей семьи.

Расспрашивайте своего партнёра о его семье.
Внизу справа рисуйте генеалогическое древо вашего партнёра.

Не забудьте спросить у вашего партнёра:

1 Есть ли у него братья и сёстры? Если есть, то узнайте, когда они родились.
2 Кто самый старший в семье? Кто самый младший в семье?
3 На сколько лет кто кого старше или младше?
4 Кто в семье женат и кто замужем? Кто ещё не женат и не замужем? А может быть, кто-то собирается скоро жениться?
5 На ком женат этот мужчина, за кем замужем эта женщина?
6 Когда они поженились? Когда мужчина женился? Когда женщина вышла замуж? Сколько времени они женаты?
7 Кто в семье на пенсии? Когда эти люди вышли на пенсию?

Расскажите о семье Андрея.

Это генеалогическое древо семьи Андрея. Через пять дней Андрей женится на Наташе. Генеалогическое древо семьи Наташи — у вашего партнёра.

Расспросите своего партнера о семье Наташи.
Расспрашивайте и рисуйте генеалогическое древо семьи Наташи.

Между прочим, поинтересуйтесь:

а) как зовут членов этой семьи;
   как зовут взрослых членов этой семьи по имени-отчеству;
   как будут звать младших членов семьи, когда они станут взрослыми;
б) как обращаются друг к другу эти люди дома;
в) у кого в этой семье одинаковые имена;
   в честь кого даны эти имена;
г) как будет обращаться Андрей к членам семьи Наташи, когда станет её мужем;
д) у кого в семье Наташи скоро будет день рождения.

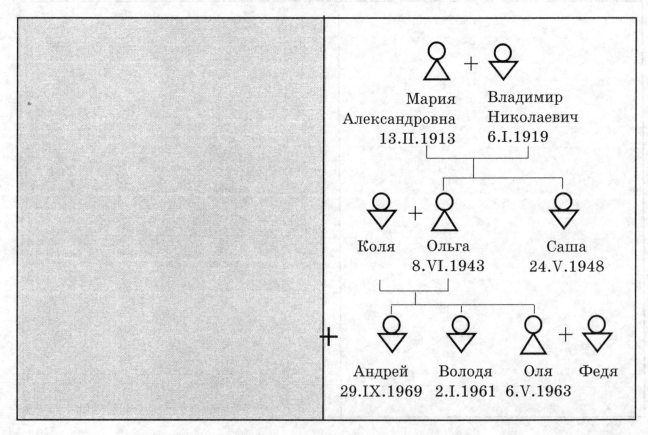

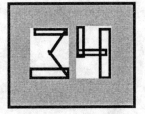

Узнайте у своего партнёра, когда жили и творили известные русские писатели и поэты.

В вашем задании
а) указаны даты рождения и смерти Н. В. Гоголя, Л. Н. Толстого, Ф. М. Достоевского, А. П. Чехова и М. Горького;
б) указаны их основные произведения и время, когда эти произведения были написаны (закончены; опубликованы, вышли в свет).

У вашего партнёра информация о других пяти писателях и поэтах: о А. С. Пушкине, М. Ю. Лермонтове, И. А. Гончарове, И. А. Бунине и Б. Л. Пастернаке.

Задавайте вашему партнёру вопросы. Вам **нельзя** начинать вопрос с *КОГДА*. Вы можете только задавать следующие вопросы: Какого числа…? В каком месяце…? В каком году…?

Кто из вас, вы или ваш партнёр, быстрее соберёт всю информацию?

Н. В. Гоголь (1.IV.1809 — 4.III.1852)
В 1842 был написан роман "Мёртвые души".
Л. Н. Толстой (9.IX.1828 — 20.XI.1910)
В 1869 году был закончен роман "Война и мир".
Ф. М. Достоевский (11.II.1821 — 9.II.1881)
В 1868 был опубликован роман "Идиот".
А. П. Чехов (29.I.1860 — 15.VII.1904)
В 1896 году была написана пьеса "Чайка".
М. Горький (28.III.1868 — 18.VI.1936)
В 1927 году вышел в свет первый том романа "Жизнь Клима Самгина".

А. С. Пушкин
роман в стихах "Евгений Онегин"
М. Ю. Лермонтов
роман "Герой нашего времени"
И. А. Гончаров
роман "Обломов"
И. А. Бунин
роман "Жизнь Арсеньева"
Б. Л. Пастернак
роман "Доктор Живаго"

Как нам жить дальше?

Вы и ваш партнёр — семейная пара. У вас двое детей, собственный дом и машина. Вы женаты десять лет. Но сейчас вы решили развестись.

Вы выступаете в роли мужа. А ваш партнёр — в роли жены.

Придумайте:
1) историю вашей жизни;
2) назовите причины вашего развода;
3) скажите, что вы хотите от суда.

Ваша группа — это члены суда. Выступите перед судом. Пусть он решит ваши проблемы.

А сейчас прочитайте, какую, например, историю вы можете придумать:

Аня прекрасная мать и замечательный человек. Я не хочу разводиться с ней. Да, я встретил другую женщину. С ней легко. Аня всё время на работе, а вечером, когда мы приходим домой, она всё время чем-то занята. Я не помню, когда последний раз мы были в кино или в театре. Я люблю своих детей. Я не хочу разводиться, но я устал от такой жизни. Я хочу видеть детей каждое воскресенье, хочу получить машину и получить часть денег за дом, потому что наш дом — это дом моих родителей. Я, конечно, буду платить алименты.

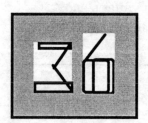

Прочитайте шутки и задайте вопросы вашему партнёру.

Прочитайте шутки про себя. Посмотрите незнакомые слова в словаре.

Расскажите эти шутки своему партнёру и задайте ему вопросы, которые вы прочитаете после шуток.

1. Разговаривают два друга.

— Я больше так не могу. Вот уже три месяца моя жена со мной не разговаривает. Завтра же пойду и разведусь.

— Зачем? Не спеши. Где ты найдёшь такую замечательную жену?

Вопрос: Почему друг назвал жену замечательным человеком?

2. — Как только ты видишь красивую женщину, ты сразу забываешь, что ты женат, — говорит жена мужу.

— Наоборот, я сразу об этом вспоминаю.

Вопрос: Почему муж так ответил?

3. — Как дела у вашей дочери?

— Прекрасно! Она вышла замуж за очень хорошего человека. Он помогает ей готовить, мыть посуду, смотреть за детьми, когда она уходит.

— А у вашего сына?

— Ему не повезло. У него ужасная жена. Бедному мальчику приходится готовить, мыть посуду и смотреть за детьми, когда она уходит.

Вопрос: Почему мать рада за дочь и не рада за сына?

ВНЕШНОСТЬ

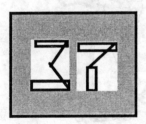

Вы описываете человека, а ваш партнёр должен узнать его.

Вы — шеф туристического агентства. Завтра к вам прилетают туристы из Англии. Вы просите сотрудника фирмы встретить этих туристов. Посмотрите на картинки на стр. 59. Выберите тех людей, которых вы хотите описать.

Отвечайте на вопросы вашего партнёра.

Закончите разговор с работником вашей фирмы такими словами: «Надеюсь, что вы обязательно узнаете наших клиентов. Желаю удачи!»

Попросите вашего партнёра показать вам на картинке (стр. 59) тех туристов, которых вы описывали.

Дальше смотрите игровое задание № 44.

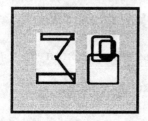

Расскажите, как одеты люди, которых вы видите на картинках.

Слева от картинки вы видите слова. Эти слова обозначают предметы, которые вы видите на мужчине. Возьмите карандаш. Соедините слова и предметы.

шляпа
трубка
воротничок

рубашка (рубашка
с воротничком)
галстук
носовой платок

пиджак (пиджак
в клетку)
пуговицы

свитер из шерсти
ремень
пряжка (ремень
с пряжкой)
зонтик
брюки

носки

сандалии

Опишите своему партнёру женщину.
    Обязательно скажите:
        какая она; как она выглядит; во что она одета.

Если вы не знаете каких-то слов, которые нужны вам при описании внешности этой женщины, спросите у своего партнёра. Задайте ему такие вопросы:
    Что это такое?
    Как это называется?

Дальше смотрите игровое задание № 41.

172

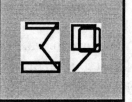

Вы назначаете встречу человеку, которого никогда не видели.

У вас есть деловой партнёр. Вы никогда не виделись, но много раз разговаривали по телефону. Сейчас он хочет с вами увидеться, потому что у него есть к вам деловое предложение.

Он звонит вам и начинает диалог. Вы ему отвечаете. Читайте диалог вместе с вашим партнёром. Вместо имён, которые вы прочитаете в диалоге, употребите свои имена.

1 —
2 — Да, я вас слушаю.

3 —
4 — Да, да, я узнал вас. Рад вас слышать.

5 —
6 — С удовольствием. Мы так часто разговариваем по телефону, но, к сожалению, ещё лично не знакомы.

7 —
8 — Отлично. И поужинаем заодно.

9 —
10 — Этот ресторан в гостинице «Москва»? Ну что ж, я не против, по-моему, там неплохая кухня.

11 —
12 — Да, а как мы узнаем друг друга?

Дальше диалог продолжайте самостоятельно. Поинтересуйтесь у своего партнёра, как он выглядит, как он будет одет.
Закончите разговор следующими словами:

13 —
14 — До свидания.

Опишите людей, которых вы видите на картинках, и расскажите, кто эти люди.

Прочитайте, например, рассказ о человеке, которого вы видите на первой картинке.

Это Николай Иванович Пиджаков. Он бизнесмен. Ему 35 лет. Он разведён. У него двое детей. У него есть машина и дом под Москвой. У него «Мерседес» красного цвета.

Он высокий и стройный. У него прямой длинный нос, тёмно-голубые глаза и короткие светлые волосы.

Обычно он ходит в костюме и галстуке. Одевается он всегда модно, но иногда безвкусно. Галстуки любит красного и синего цвета. Очень любит, когда на галстуке нарисованы пальмы или бананы.

1. Напишите о людях, которых вы видите.
   Не забудьте написать:

      кто эти люди; сколько им лет; как они выглядят; мужчины женаты или не женаты (женщины замужем или не замужем); как они одеты сейчас; как они одеваются обычно.

1 _____

_____

_____

_____

_____

_____

_____

2 _____

_____

_____

_____

_____

_____

_____

_____

_____

3 _____

_____

_____

_____

_____

_____

_____

_____

_____

_____

_____

Расскажите об этих людях своему партнёру.

2. Сейчас послушайте рассказ вашего партнёра.
    Перед вами 3 картинки.
    На них люди, которых описывает ваш партнёр.
    Кратко запишите рассказ своего партнёра.

_____

_____

_____

_____

_____

_____

_____

_____

_____

_____

Выберите из историй, которые придумал ваш партнёр, самую забавную и весёлую. Расскажите её в группе. Решите, чья история самая весёлая и интересная.

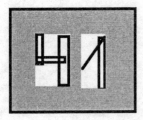

Как вы думаете, что это за человек?

Расспросите своего партнёра о мужчине, которого он описал. Задайте ему такие вопросы:

1 Как зовут этого мужчину?

2 Где он работает?

3 Этот мужчина всегда так одевается?

4 Какую одежду он считает удобной, а какую неудобной?

5 У него есть семья?

6 Кто его жена?

7 Сколько у него детей?

8 Он хороший отец?

9 Какая у него квартира?

10 Чем он любит заниматься в свободное время?

11 Где он проводит свободное время?

12 Он любит спорт?

13 По утрам он делает гимнастику?

14 Какие программы по телевизору его самые любимые?

Послушайте вопросы, которые задаёт вам партнёр. Ответьте на них.

А теперь вы расскажите об этом мужчине.

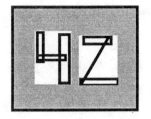

Вы рассматриваете «фотографии» и удивляетесь, как меняются люди.

Перед вами две старые «фотографии». На них Евгений Викторович и Елена Семёновна 20 лет назад, когда их ещё звали Женечка и Леночка. На «фотографиях» они ещё не были женаты.

У вашего партнёра тоже две «фотографии». Его «фотографии» сделаны совсем недавно.

Посмотрите на свои картинки. Опишите Евгения Викторовича и Елену Семёновну. Расскажите, как они выглядели 20 лет назад.

Как же изменились эти люди за 20 лет?

177

Посмотрите на картинку у вашего партнёра и расскажите, как изменилась Елена Семёновна за 20 лет.

Обсудите со своим партнёром, почему так изменились эти люди.

А теперь представьте, что вы — Елена Семёновна.
Придумайте историю своей жизни.

Расскажите о себе своим коллегам по группе.

Послушайте, что расскажут другие.
Решите, чья история самая забавная.

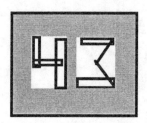

Как вы думаете, что это значит?

Составьте русскую пословицу и связные словосочетания.
Знаете ли вы эти слова? Если нет, то посмотрите в словаре.

чулок
ворона
блестеть

У вас одна часть словосочетания, у вашего партнёра — другая.

1 ...ворона
2 ...чулок
3 не всё то золото, ...

Составьте словосочетания.
Проверьте, правильно ли вы составили словосочетания, по ключу.

Придумайте с каждым словосочетанием свои ситуации.
Расскажите их в группе.

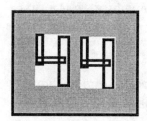

Вам надо узнать человека по описанию.

Теперь вы сотрудник туристического агентства, а ваш партнёр — шеф этого агентства.

Завтра к вам прилетают туристы из Франции. Их двое. Вы, конечно, этих людей никогда не видели. Вам надо встретить их в аэропорту.

Вы разговариваете с вашим шефом. Спросите у него:

> а) как зовут иностранцев;
> б) в котором часу прилетает их самолёт;
> в) как выглядят эти иностранцы;
> г) как они будут одеты.

Посмотрите на картинки на стр. 59. Покажите вашему партнеру тех людей, которых он описывал. Вы их узнали?

Вы рисуете и описываете «людей», которые прилетели из космоса, с других планет.

Сейчас 2500 год. Вчера приземлился космический корабль. Вы были в составе делегации, которая встречала этот корабль. На его борту были странные существа.

Нарисуйте этих «людей» — инопланетян — и опишите их.

В чём плюсы и минусы специальной одежды?

В вашей стране есть специальная одежда для школьников, врачей и медсестёр, больных, продавцов в магазинах?

Какая это одежда?
Где ещё люди носят специальную одежду?

Обсудите со своим партнёром, в чём плюсы и минусы специальной одежды для школьников (школьной формы), для врачей и медсестёр, для продавцов в магазинах. Кратко запишите, что думает об этом ваш партнёр.

	плюсы	минусы
школьная форма		
белые (или зелёные) халаты у врачей и медсестёр		
специальная одежда у продавцов в магазинах		

Расскажите в группе, что думает ваш партнёр.
Обсудите эту проблему в группе.

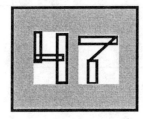

Ответьте на вопросы вашего партнёра.

1. Ответьте на вопросы вашего партнёра. Отвечайте только ДА или НЕТ.

2. Теперь вы задаёте вопросы вашему партнёру. Ваш партнёр должен ответить только ДА или НЕТ. Отметьте ответы вашего партнёра (✔).

	да	нет
Вы живёте за городом?	——	——
Ваш дом многоэтажный?	——	——
Аэропорт далеко от вашего дома?	——	——
От вашего дома до центра вы идёте пешком?	——	——
Около вашего дома есть лес?	——	——
Магазины рядом с вашим домом?	——	——
Родители живут далеко от вас?	——	——
Вы часто ездите к родителям?	——	——
У вас есть собака?	——	——

Если ваш партнёр ответил на ваш вопрос отрицательно, то расспросите его по образцу:

Образец: Хорошо! Вы живёте не за городом.
Но если вы живёте не за городом, то где вы живёте?

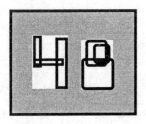

В чём плюсы и минусы жизни в многоквартирном жилом доме и в отдельном коттедже?

Расспросите своего партнёра, в чём он видит плюсы и минусы жизни в многоквартирном жилом доме и в отдельном коттедже. Кратко запишите ответы своего партнёра.

	плюсы	минусы
многоквартирный жилой дом		
коттедж		

Расскажите группе, что думает ваш партнёр.

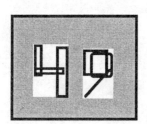

Помогите вашему партнёру снять квартиру.

А теперь вы работаете в Московской центральной бирже недвижимости. Ваш партнёр — клиент этой биржи.

Сегодня вы можете предложить своим клиентам 13 квартир.

Прочитайте объявления, опубликованные в газете, которую издаёт ваша биржа.

Познакомьтесь с условными обозначениями:

м. — метро

1-комн. кв-ру — сдаю однакомнатную квартиру

5 мин. п. от метро — 5 минут пешком от метро

1/5-эт. кирп. дома — первый этаж пятиэтажного кирпичного дома

изол. — комнаты изолированные

20+15 кв.м. — одна комната 20 квадратных метров, другая комната — 15 квадратных метров

кух. 9 — кухня 9 квадратных метров

Т., тел. — телефон

холод. — холодильник

длит. срок — длительный срок (сдаю на длительный срок)

300 $/мес. — 300 долларов в месяц

Фрунзенская м. 1-комн. кв-ру, метро рядом, 5/12-эт. кирп. дома, 19 кв. метров, кух. 9, тел., мебель, балкон, сдаю на длительный срок. 300 $/мес. Т. 744-29-49

Сходненская м. 1-комн. кв-ру, метро рядом, 18 кв.м., 2/5-эт. дома, тел., холод., телевизор, мебель, сдаю. 300 $/мес. Т. 430-26-65

Академическая м. 1-комн. кв-ру, 20 кв.м., кух. 9, 5/12-эт. дома, хорошая мебель, тел., холодильник, телевизор, сдаю. Т. 648-57-48, с 10.00 до 20.00

Беляево м. 1-комн. кв-ру, ул. Профсоюзная, 19 кв.м., 4/9-эт. дома, кухня 7, мебель, телевизор, холодильник, тел., сдаю. Т. 548-57-26

Южная м. 1-комн. кв-ру, метро рядом, 19 кв.м., кух. 9, тел., чистую, уютную, сдаю на короткие сроки от 3–5 дней. На месяц и более не сдаю. Т. 320-37-48

Новогиреево м. 2-комн. кв-ру, 15+18 кв.м., кухня 6, 4/5-эт. дома, с мебелью и тел., можно как 1-комн. кв-ру, сдаю. Т. 648-28-49

Ш. Энтузиастов м. 2-комн. кв-ру, 3 мин. п. от метро, 38 кв.м., изол. комн., кухня 8, 6/9-эт. кирп. дома, тел., балкон, после хор. ремонта, с мебелью, сдаю москвичам. 400 $/месяц. Т. 349-48-69

Перово м. 2-комн. кв-ру, изол. 18+14 кв.м., кухня 6, 4/12-эт. дома, балкон, тел., мебель, сдаю на длительный срок. Т. 478-92-75

Речной вокзал м. 2-комн. кв-ру, 15 мин. пешком от метро, 4/5-эт. дома, 30+7 кв.м., ремонт, тел., тихое место, мебель. 400 $ в месяц. Т. 539-85-52. Строго после 19.00

Марьино м. 2-комн. кв-ру, метро рядом, 14+18, изол., кухня 9, балкон, 9/14-эт. дома, без телефона, на длительный срок, сдаю, 300 $/мес. Т.326-57-93

Варшавская м. 2-комн. кв-ру рядом с метро, 18+14 кв.м., изол., можно как 1-комн. кв-ру, кухня 10, 8/16-эт. дома, мебель хорошая, чисто, сдаю. Т. 238-74-82

Полежаевская м. 2-комн. кв-ру, 19+12 кв.м., изол., кухня 9, 6/9-эт. дома, чистая, с мебелью, окна во двор, сдаю на длит. срок. Т. 326-74-02

У вас сегодня 2 клиента. Послушайте, какие квартиры нужны вашим клиентам. Найдите удобную для них квартиру.

Предложите своим клиентам квартиры. Используйте следующие конструкции:

я могу вам предложить *что?*

я хочу вам предложить *что?*

мне хотелось бы вам предложить *что?*

Нарисуйте и обсудите план улицы, на которой вы живёте.

Нарисуйте план улицы, на которой вы живёте. Укажите на ней магазины, рестораны, дома, где живут ваши друзья и т.д. Напишите то, что вы нарисовали, слева от вашей картинки.

1 Мой дом. _____

2 _____

3 _____

4 _____

5 _____

6 _____

7 _____

8 _____

9 _____

10 _____

| 1 |

1. Ваш партнёр смотрит на ваш рисунок и читает слова, которые вы написали слева от рисунка.

Ваш партнёр задаёт вам вопросы.
Вы отвечаете на вопросы.

В ответах используйте конструкции со словами ЗДЕСЬ/ТАМ, СПРАВА/СЛЕВА, НЕДАЛЕКО/ДАЛЕКО, ВПЕРЕДИ/ПОЗАДИ, У, ОКОЛО, РЯДОМ, НАПРОТИВ, ПОСРЕДИНЕ.

2. А теперь вы посмотрите на рисунок вашего партнёра.

Читайте слова, которые написаны у вашего партнёра.
Расспрашивайте вашего партнёра, где что находится.

Образец: Я знаю, что на твоей улице есть кафе.
Скажи, пожалуйста, где оно находится?

Вы переставляете мебель в комнате.

Вы сделали ремонт в своей квартире и хотите переставить мебель. К вам приехала сестра (или брат) помочь сделать перестановку. Вам с партнёром надо расставить, разложить и развесить следующие предметы:

диван	письменный стол	журнальный столик
два кресла	стулья	шкаф
книжные полки	картина	часы
книги	ковёр	ваза с цветами

Расставляйте предметы в вашей комнате.
Перед вами план комнаты. Изображайте на плане предметы, которые вы расставляете в комнате.
Ведите со своим партнёром диалог. Ваш партнёр начинает диалог.
У вас ответные реплики диалога.

Партнёр А: —
Партнёр Б: — Нет, не ставь диван справа от окна, а поставь его слева от окна.
Партнёр А: —
Партнёр Б: — Как хорошо тут стоит диван! Теперь поставь стол около двери.
Партнёр А: —
Партнёр Б: — Хорошо. Давай поставим стол напротив окна... и т. д.

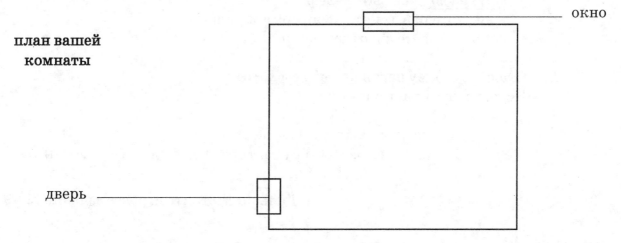

план вашей комнаты

Расскажите своему партнёру, как сейчас стоят, лежат, висят вещи в комнате.

Вы хотите снять квартиру.

Вы клиент Московской центральной биржи недвижимости. Ваш партнёр работает на этой бирже.

а) Представьте, что вы студент (студентка) МГУ.
Вам нужна однокомнатная квартира недалеко от метро.
Квартира должна быть с мебелью, телефоном.
Вы можете платить за неё не больше 300 долларов в месяц.
Вы хотите снять квартиру на год.

Скажите своему партнёру, что вы хотите. Используйте конструкции:

> я хочу, чтобы...
> я хочу *что делать?/что сделать?*
> я хотел бы, чтобы...
> я хотел бы *что делать?/что сделать?*
> мне хотелось бы, чтобы...
> мне хотелось бы *что делать?/что сделать?*

б) Представьте, что вы молодой инженер.
Вы работаете в Москве недавно.
У вас есть друг (подруга), который тоже приехал в Москву работать. Он приехал из Грузии.
Вы решили снять двухкомнатную квартиру.
Вам нужна квартира рядом с метро.
В ней должен быть телефон.
Вы хотели бы снять квартиру с мебелью.
Вы снимаете квартиру на год.

Скажите своему партнёру, что вы хотите.
Используйте конструкции:

> мне нужна квартира *с чем?*
> мне нужно, чтобы в квартире был (была, было, были)...

Дальше смотрите игровое задание № 49.

В ГОРОДЕ

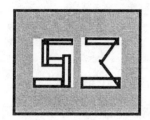

Расспросите вашего партнёра, как вам добраться до...

Вы и ваш партнёр живёте в доме № 4 на проспекте Мира.

Сегодня вам надо поехать <u>на вокзал</u>, чтобы встретить друга.

Ваша жена собирается поехать <u>в парк</u>. Там она встречается со своей школьной подругой.

Вечером вы с женой решили поужинать <u>в ресторане</u>.

Вокзал, парк и ресторан находятся в южной части города. Эту часть города вы знаете очень плохо. План южной части города с маршрутами движения транспорта есть у вашего соседа.

Сейчас вы пришли к своему соседу и расспрашиваете его, на каком виде транспорта

вы сможете доехать до вокзала;

ваша жена сможет добраться до парка;

как вам и вашей жене потом доехать до ресторана.

Дальше смотрите игровое задание № 60.

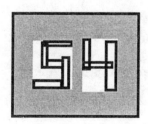

Как вы думаете, что это значит?

Составьте русскую пословицу и связные словосочетания.

Знаете ли вы эти слова? Если нет, то посмотрите в словаре.

ползти

заяц

черепаха

дух

У вас вторая часть словосочетания, у вашего партнёра — первая.

1 ...во весь дух
2 ... зайцем
3 ...дальше будешь
4 ...как черепаха

Составьте словосочетания.
Проверьте, правильно ли вы составили словосочетания, по ключу.

Придумайте с каждым словосочетанием свои ситуации.
Расскажите их в группе.

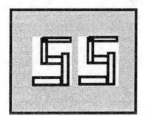

Расспросите вашего партнёра, как вам добраться до...

Вы вчера приехали в Москву. Вы остановились в новой гостинице далеко от центра. Вы знаете, что рядом с вашей гостиницей находится станция метро «Алтуфьевская».

В Москве вы обязательно хотите побывать

    а) в Большом театре;

    б) на Поклонной горе (вы знаете, что там находится мемориальный комплекс, посвящённый Отечественной войне 1812 года и Великой Отечественной войне 1941—1945 годов);

    в) в музее-квартире Л. Н. Толстого.

Вы идёте к своему другу. Он прекрасно знает город. А главное, у него есть схема московского метро. Вы просите своего друга помочь вам.

Вы слушаете своего друга — вашего партнёра — и иногда задаёте ему вопросы. Постарайтесь, чтобы ваш друг не забыл вам сказать:

    а) до какой станции метро вам надо доехать, чтобы попасть ...;

    б) нужно ли вам делать пересадку;

    в) на какой станции метро вам надо делать пересадку (перейти на другую станцию);

    г) сколько остановок вам нужно проехать до пересадки;

    д) сколько остановок вам нужно проехать после пересадки;

    е) на какой остановке вам надо выходить.

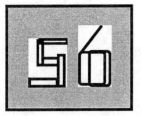

Составьте маршруты полётов.

Вы известный физик. Вы часто ездите на конференции в разные города мира. Вот и в этом году вы должны побывать на трёх конференциях, которые будут проходить

в Буэнос-Айресе,
в Токио,
в Оттаве.

Сейчас вы пришли в агентство Аэрофлота в Москве и хотите заказать билеты на самолёт.
Ваш партнёр работает в этом агентстве. Попросите его составить маршруты ваших полётов.

Спросите у своего партнёра:

1 Когда самолёт вылетает из Москвы?
2 Когда он прилетает в ...?
3 Сколько времени самолёт летит (находится в полёте)?
4 За сколько времени вы долетите до ...?
5 Летит ли ваш самолёт с посадкой? Если да, то в каких городах самолет делает посадку?
6 Надо ли вам делать пересадку? Если да, то в каких городах вам придётся делать пересадку?
7 Над какими странами, городами, океанами и морями будет пролетать ваш самолёт?

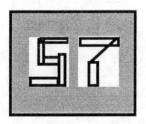

Ответьте на вопросы вашего партнёра.

Вы идёте по улице. К вам подходит незнакомый человек и говорит, что он корреспондент газеты «Вечерняя Москва». Он собирает материалы для статьи «Как провести свой отпуск?».

Отвечайте на вопросы корреспондента газеты — вашего партнёра.

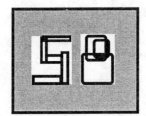

Куда стоит отправиться путешествовать?

Вы собираетесь отправиться в путешествие.
Попросите своего партнёра

а) назвать не менее 10 мест на земном шаре, куда он советует поехать;

б) объяснить, почему он советует посетить именно эти места;

в) сказать, на каком виде транспорта и как туда добраться.

Слушайте своего партнёра и кратко записывайте его советы.

МЕСТО	ПРИЧИНА	ТРАНСПОРТ

В этом году вы сможете поехать только в какое-то одно место.
Выберите то место, куда вы хотите поехать.

Скажите своему партнёру, куда вы решили поехать.
Объясните ему, почему вы выбрали именно это место.

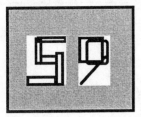

Куда бы нам поехать? Ответьте на вопросы вашего партнёра.

А теперь вы задаёте вашему партнёру вопросы.

Вы выиграли в лотерею много денег. Приближается лето. Вы с семьёй хотите поехать путешествовать. Вы хотите побывать в разных странах.

Вы идёте в туристическое агентство. Вы идёте туда один (одна), потому что ваша жена (ваш муж) сейчас в командировке.

Ваш партнёр работает в туристическом агентстве. Вы обращаетесь к нему с просьбой посоветовать, куда можно поехать. Вы задаёте вопросы своему партнёру и кратко записываете ответы.

1 Какие страны и города вы посоветуете нам посмотреть?

_____
_____
_____

2 Какие достопримечательности стоит увидеть?

_____
_____
_____

3 Какие места на земле вы считаете очень красивыми?

_____
_____
_____

4 Где самая вкусная еда?

_____
_____
_____
_____

5. В каких странах самые приветливые люди?

_____

_____

_____

6 Куда не надо ехать ни за что на свете, ни за какие деньги?

_____

_____

_____

А теперь напишите небольшое письмо вашей жене (вашему мужу) о том, что вам рассказали в туристическом агентстве.

_____

_____

_____

_____

_____

_____

_____

_____

_____

_____

_____

_____

_____

Посоветуйте вашему партнёру, как ему лучше добраться до…

Вы и ваш партнёр живёте в доме № 4 на проспекте Мира. Перед вами план северной части города. На этом плане вы видите маршруты движения городского транспорта.

северная часть города

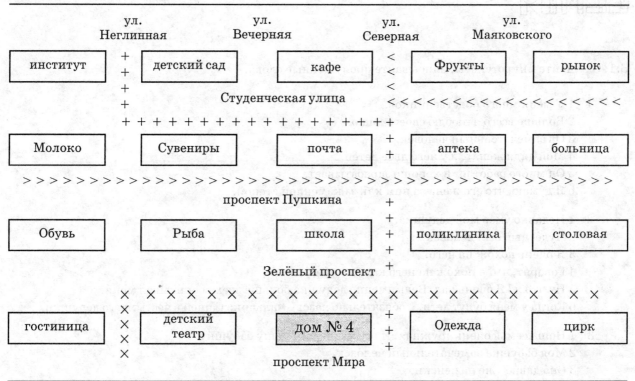

+++ — автобус № 5
××× — троллейбус № 20
<<< — трамвай № 9
>>> — автобус «К»

Ваш партнёр — врач. Он переехал в Москву совсем недавно. И он, конечно, ещё очень плохо знает город.

Сегодня ему надо поехать в институт, где работает его старый друг.
В пятницу ему надо съездить в больницу, где ему предлагают работу.
В воскресенье ему хотелось бы поехать на рынок.

Институт, больница и рынок находятся в северной части города.

Сейчас ваш сосед зашёл к вам и расспрашивает вас, на каком виде транспорта он сможет доехать из дома до института, больницы и рынка. Посмотрите на план и посоветуйте своему соседу, как ему добраться до института, больницы и рынка.

МАТЕРИАЛЫ ДЛЯ ПРОСЛУШИВАНИЯ

СЕМЬЯ

Б.1. Слушайте микротексты, вписывайте пропущенные слова.

1 1 У меня́ мно́го ро́дственников.
   2 Бо́льше всего́ я люблю́ своего́ дя́дю.
   3 Он замеча́тельный челове́к.
   4 Мой дя́дя жена́т, и у него́ дво́е дете́й.
   5 Он мно́го рабо́тает и хорошо́ зараба́тывает.
   6 Я ду́маю, что его́ жена́ за ним как за ка́менной стено́й.

2 1 Неда́вно у́мер мой де́душка.
   2 Чуде́сный был челове́к!
   3 Я о́чень похо́ж на него́.
   4 Говоря́т, что я похо́ж на него́ как две ка́пли воды́.
   5 Ну что ж! Я о́чень рад. Ведь и́менно де́душка бо́льше всех воспи́тывал меня́.
   6 Когда́ у меня́ бу́дут де́ти, я обяза́тельно назову́ ма́льчика Са́шей в честь моего́ де́душки.

3 1 На́ша семья́ о́чень дру́жная. И все мы лю́бим на́шу ба́бушку.
   2 Моя́ ба́бушка замеча́тельный челове́к.
   3 Она́ давно́ уже́ на пе́нсии.
   4 Она́ вы́шла на пе́нсию, по-мо́ему, пять лет наза́д.
   5 Но она́ никогда́ не сиди́т без де́ла. Воспи́тывает вну́ков, гото́вит обе́ды. Са́мые вку́сные пироги́ — это пироги́ ба́бушки.

4 1 Представля́ете? Вчера́ я жени́лся.
   2 Ура́! Тепе́рь я жена́т!
   3 Я жени́лся на са́мой краси́вой де́вушке Москвы́.
   4 Сва́дьба была́ в рестора́не.
   5 А сего́дня ве́чером мы е́дем в сва́дебное путеше́ствие.

5 1 Сего́дня выхо́дит за́муж моя́ племя́нница, Ка́тя.
   2 Ка́те три́дцать два го́да, и она́ уже́ была́ за́мужем.
   3 Пять лет наза́д она́ развела́сь со свои́м му́жем.
   4 Её бы́вший муж нам всем о́чень нра́вился.
   5 Они́ пожени́лись, когда́ Ка́те бы́ло всего́ восемна́дцать лет.
   6 Наве́рное, выходи́ть за́муж так ра́но не о́чень хорошо́.

Б.2. Слушайте микротексты. Пишите связные словосочетания, которые можно употребить в этих микротекстах.

1 В про́шлом году́ мы отдыха́ли с бра́том на мо́ре. Там познако́мились с одно́й де́вушкой. Де́вушка, пра́вда, ничего́, да́же краси́вая. Но, по-мо́ему, глу́пая!!! Мой брат влюби́лся в неё так, что ничего́ и никого́ не ви́дел. Я ему́ говорю́: «Послу́шай, что она́ говори́т. Ведь она́ же, по-мо́ему, не о́чень у́мная». Так представля́ете? Он переста́л со мной разгова́ривать!

2 Я познако́милась со свои́м бу́дущим му́жем в университе́те, на ве́чере. Был у нас ве́чер. Сиди́м мы с подру́жками, разгова́риваем. Вхо́дит па́рень. Не наш. Я его́ ра́ньше не ви́дела. Я как посмотре́ла на него́! Всё! Я да́же разгова́ривать переста́ла. Так он мне понра́вился.

3 Мой брат о́чень похо́ж на отца́. Нет, не глаза́ми, не лицо́м. Нет. Он, зна́ете, тако́й серьёзный, всё ему́ хо́чется знать. Ну пря́мо как оте́ц! Я ему́ говорю́: «Пойди́ погуля́й, сходи́ в кино́, позна-ко́мься с де́вушкой». Нет, всё сиди́т со свои́ми кни́гами. Наве́рное, бу́дет, как оте́ц, профе́ссо-ром.

Б.3. Слушайте микротекст. Пишите пропущенные слова.

1 Моя́ ма́ма родила́сь в 1950-ом году́.

2 Она́ родила́сь 10-ого ма́я.

3 Мой па́па ста́рше ма́мы на два го́да. Он роди́лся в а́вгусте 1948-ого го́да.

4 Мои́ роди́тели пожени́лись в 1976-ом году́.

5 Че́рез год, в ма́е 1977-ого го́да, родила́сь моя́ сестра́.

6 Я роди́лся 15 апре́ля 1981-ого го́да.

7 Сего́дня у нас четвёртое ма́я, среда́.

8 В суббо́ту у мое́й ма́мы День рожде́ния. Прие́дут все, да́же ба́бушка.

9 Прие́дет моя́ сестра́ со свои́м му́жем. Они́ пожени́лись в про́шлом году́, 10-ого ма́рта.

10 Сва́дьба была́ в воскресе́нье. Я э́то хорошо́ по́мню.

11 На сле́дующий день, в понеде́льник, они́ пое́хали в сва́дебное путеше́ствие.

Б.4. Слушайте вопросы и отвечайте на них. Дайте полные ответы на вопросы. В ответах используйте слова, приведённые в задании.

Образец: 1975 — Когда́ ты роди́лся?
— Я роди́лся в 1975-ом году́.

Слушайте, выполняйте и проверяйте себя.

1 понедельник — Како́й сего́дня день?
— Сего́дня понеде́льник.

2 3.X — Како́е сего́дня число́?
— Сего́дня тре́тье октября́.

3 2000 — Како́й сейча́с год?
— Сейча́с 2000-ый год.

4 2.X.2000 — Како́е число́ бы́ло вчера́?
— Вчера́ бы́ло второ́е октября́ 2000-ого го́да.

5 2.XII.1951 — Когда́ он роди́лся?
— Он роди́лся второ́го декабря́ 1951-ого го́да.

6 июнь, 1968 — Когда́ он око́нчил шко́лу?
— Он око́нчил шко́лу в ию́не 1968-ого го́да.

7 1968 — В како́м году́ он поступи́л в университе́т?
— Он поступи́л в университе́т в 1968-ом году́.

8 1973 — Когда́ он око́нчил университе́т?
— Он око́нчил университе́т в 1973-ем году́.

9 июнь, 1975 — Когда́ он познако́мился со свое́й бу́дущей жено́й?
— Он познако́мился со свое́й бу́дущей жено́й в ию́не 1975-ого го́да.

10 12.IV.1976 — Когда́ они́ пожени́лись?
— Они́ пожени́лись двена́дцатого апре́ля 1976-ого го́да.

Б.5. Слушайте микротексты. Пишите пропущенные слова.

  1 1 Моя́ ста́ршая сестра́ вы́шла за́муж пять лет наза́д.
      2 К сожале́нию, че́рез три го́да её муж у́мер.
      3 Она́ была́ за́мужем всего́ три го́да.

  2 1 Я жени́лся два го́да наза́д.
      2 Я был жена́т год.
      3 Че́рез год я развёлся.

  3 1 Моя́ ба́бушка на пе́нсии уже́ три го́да.
      2 Она́ вы́шла на пе́нсию три го́да наза́д, ле́том.
      3 Мой де́душка вы́йдет на пе́нсию че́рез год.

  4 1 Мы пожени́лись три дня наза́д.
      2 Сва́дьба у нас была́ три дня.
      3 Че́рез день мы е́дем в сва́дебное путеше́ствие.

Б.6. Слушайте и читайте предложения. Затем слушайте вопросы и отвечайте на них. Дайте полные ответы на вопросы. В ответах используйте временные конструкции «вин. падеж без предлога», «ЧЕРЕЗ + вин. падеж», «вин. падеж + НАЗАД».

Образец: — Сего́дня 1-ое сентября́. Моя́ сестра́ выхо́дит за́муж 15-ого сентября́. Когда́ выхо́дит за́муж моя́ сестра́?
            — Твоя́ сестра́ выхо́дит за́муж че́рез пятна́дцать дней.

Слушайте, выполняйте и проверяйте себя.

1 — Сего́дня 1-ое октября́. Мой друг же́нится в ма́рте. Когда́ мой друг же́нится?
    — Твой друг же́нится че́рез пять ме́сяцев.

2 — Сейча́с 2000-ый год. Моя́ ста́ршая сестра́ вы́шла за́муж в 1994-ом году́. Ско́лько вре́мени моя́ сестра́ за́мужем?
    — Твоя́ сестра́ за́мужем шесть лет.

3 — Сего́дня 2-ое а́вгуста. Моя́ подру́га вы́шла за́муж в ма́е. Когда́ моя́ подру́га вы́шла за́муж?
    — Твоя́ подру́га вы́шла за́муж два ме́сяца наза́д.

4 — Сейча́с 2000-ый год. У меня́ есть де́вушка, кото́рую я о́чень люблю́. Мы реши́ли пожени́ться в 2001-ом году́. Когда́ мы поже́нимся?
    — Вы поже́нитесь че́рез год.

5 — Сего́дня 12-ое апре́ля. У него́ сва́дьба 15-ого апре́ля. Когда́ у него́ сва́дьба?
    — У него́ сва́дьба че́рез три дня.

6 — Сего́дня 1-ое сентября́. Мой де́душка вы́шел на пе́нсию 1-ого ию́ля. Ско́лько вре́мени мой де́душка на пе́нсии?
    — Твой де́душка на пе́нсии два ме́сяца.

Б.7. Слушайте предложения, пишите пропущенные слова.

1 У моéй бáбушки трóе внýков — все мáльчики.
2 А у моéй бáбушки три внýчки — все дéвочки.
3 А у бáбушки Натáши пя́теро внýков — две внýчки и три внýка.
4 У нас в семьé трóе детéй: два мáльчика и однá дéвочка.
5 У моегó дéдушки бы́ло чéтверо брáтьев.

Б.8. Слушайте и читайте предложения. Затем слушайте вопросы и отвечайте на них. Там, где возможно, употребляйте числительные ДВОЕ, ТРОЕ, ЧЕТВЕРО, ПЯТЕРО…

Образец: — У меня́ есть брат. У негó два сы́на. Скóлько у меня́ племя́нников?
— Двóе племя́нников.

Слушайте, выполняйте и проверяйте себя.

1 — Меня́ зовýт Вéра. У меня́ есть три сестры́. Скóлько в семьé сестёр?
— Четы́ре сестры́.

2 — У моегó дя́ди три сы́на. Скóлько у меня́ двою́родных брáтьев?
— Трóе двою́родных брáтьев.

3 — У нáшей бáбушки есть внýки: Кáтя, Нáдя и Кóля. Скóлько у моéй бáбушки внýков?
— Трóе внýков.

4 — У моегó дя́ди мáльчик и дéвочка. Скóлько детéй у моегó дя́ди?
— Двóе детéй.

5 — В егó семьé пять дéвочек. Скóлько у негó дóчек?
— Пять дóчек.

6 — У моегó брáта недáвно роди́лся вторóй сын. Скóлько у негó сыновéй?
— Двóе сыновéй.

7 — У них есть дóчка Áнечка. Вчерá у них роди́лась ещё однá дóчка. Скóлько в их семьé дéвочек?
— Две дéвочки.

Б.9. Заинтересýйте собесéдника тем, что вы говорите; выразите свое удивление той информацией, которую вы сообщаете, с помощью конструкции ПРЕДСТАВЛЯЕШЬ (ПРЕДСТАВЛЯЕТЕ)?!

Слушайте и повторяйте.

1 — Представля́ешь?! Андрéй жени́лся.
2 — Представля́ешь?! У Фéди ужé четы́ре сы́на. Четвёртый роди́лся вчерá.
3 — Представля́ешь?! Натáша и Кóля развели́сь.
4 — Женá стáрше егó на дéсять лет! Представля́ешь?!
5 — Андрéй влюби́лся и совсéм потеря́л гóлову. Представля́ешь?!

Б.10. Выразите удивление с помощью конструкций НЕУЖЕЛИ?! НАДО ЖЕ! Слушайте и повторяйте ответные реплики диалогов.

1 — Представля́ешь?! У неё уже́ есть внук.
— Неуже́ли?! На́до же!

2 — Представля́ешь?! Вчера́ у неё у́мер оте́ц.
— Неуже́ли?! На́до же!

3 — Представля́ешь?! Он похо́ж на ба́бушку как две ка́пли воды́.
— Неуже́ли?! На́до же!

4 — Представля́ешь?! Он влюби́лся в неё с пе́рвого взгля́да.
— На́до же! Неуже́ли?!

5 — Представля́ешь?! Он так влюби́лся, что совсе́м потеря́л го́лову.
— На́до же! Неуже́ли?!

Б.11. Слушайте предложения. Выражайте свою оценку с помощью конструкций НЕУЖЕЛИ?! НАДО ЖЕ!

Образец: — Ната́ша вы́шла за́муж. Представля́ешь?!
— Неуже́ли?! На́до же!

Слушайте, выполняйте и проверяйте себя.

1 — Муж А́ни ста́рше её на два́дцать лет. Представля́ешь?!
— Неуже́ли?! На́до же!

2 — Он ничего́ не зараба́тывает. Представля́ешь?!
— Неуже́ли?! На́до же!

3 — У него́ у́мерли роди́тели. Представля́ешь?!
— Неуже́ли?! На́до же!

4 — Они́ так и не пожени́лись. Представля́ешь?!
— Неуже́ли?! На́до же!

5 — Он уже́ на пе́нсии. Представля́ешь?!
— Неуже́ли?! На́до же!

Б.12. Оформите переспрос. Слушайте и повторяйте ответные реплики диалогов.

1 — У меня́ три бра́та.
— Три?

— У них за́втра сва́дьба.
— За́втра?

2 — У меня́ три бра́та.
— Ско́лько? Три?

— У них за́втра сва́дьба.
— Когда́? За́втра?

3 — У меня́ три бра́та.
— Ско́лько-ско́лько? Три?

— У них за́втра сва́дьба.
— Когда́-когда́? За́втра?

4 — У меня́ три бра́та.
— Что-что? Три?

— У них за́втра сва́дьба.
— Что-что? За́втра?

Б.13. Оформите переспрос. Слушайте предложения. Переспрашивайте информацию, заключённую в подчёркнутых словах.

Образец: — Она́ похо́жа на па́пу.
— На кого́? На па́пу?

Слушайте, выполняйте и проверяйте себя.

1 — Ната́ша выхо́дит за́муж за Никола́я.
— За кого́? За Никола́я?

2 — Он весь в отца́.
— В кого́? В отца́?

3 — Она ста́рше меня́ на пять лет.
— На ско́лько? На пять?

4 — Я обраща́юсь к нему́ по и́мени-о́тчеству.
— К кому́? К нему́?

5 — Её назва́ли в честь ба́бушки Ири́ной.
— В честь кого́? Ба́бушки?

Образец: — Она́ за́мужем за Оле́гом.
— За кем-за кем? За Оле́гом?

6 — Он жена́т на О́льге.
— На ком-на ком? На О́льге?

7 — Его́ назва́ли Андре́ем.
— Как-как? Андре́ем?

8 — Он моло́же меня́ на два го́да.
— На ско́лько-на ско́лько? На два?

9 — Он похо́ж на ма́му.
— На кого́-на кого́? На ма́му?

10 — Оле́г влюби́лся в А́нну.
— В кого́-в кого́? В А́нну?

Б.14. Оформите переспрос-удивление.

Слушайте и повторяйте ответные реплики диалогов.

1 — У него пя́теро дете́й.
— Пя́теро?! Не мо́жет быть!

— Она́ вы́шла за́муж за Ди́му.
— За Ди́му?! Не мо́жет быть!

2 — Она́ обраща́ется к нему́ на Вы.
— Как?! На Вы?! Не мо́жет быть!

— Он ста́рше её на пятна́дцать лет. Представля́ешь?!
— На ско́лько?! На пятна́дцать?! Не мо́жет быть!

3 — Он называ́ет меня́ де́душкой! Представля́ешь?!
— Как-как?! Де́душкой?! Не мо́жет быть!

— У них уже́ пя́теро дете́й.
— Ско́лько-ско́лько?! Пя́теро?! Не мо́жет быть!

4 — Мой па́па уже́ на пе́нсии.
— Что-что? На пе́нсии?! Не мо́жет быть!

— Сего́дня у́мер мой де́душка.
— Что-что?! У́мер?! Не мо́жет быть!

Б.15. Оформите переспрос-удивление. Слушайте предложения. Переспрашивайте информацию, заключённую в подчёркнутых словах.

Образец: — Ей уже́ <u>два́дцать шесть</u> лет.
— Ско́лько?! Два́дцать шесть?! Не мо́жет быть!

Слушайте, выполняйте и проверяйте себя.

1 — Она была́ за́мужем <u>три</u> раза.
— Ско́лько?! Три ра́за?! Не мо́жет быть!

2 — Они́ пожени́лись <u>три дня наза́д</u>.
— Когда́?! Три дня наза́д?! Не мо́жет быть!

3 — Вчера́ они́ <u>развели́сь</u>.
— Что сде́лали?! Развели́сь?! Не мо́жет быть!

4 — Его́ воспи́тывает <u>ба́бушка</u>.
— Кто?! Ба́бушка?! Не мо́жет быть!

5 — У него́ <u>замеча́тельный</u> сын.
— Како́й?! Замеча́тельный?! Не мо́жет быть!

Б.16. Слушайте монологи.

Смотрите на рисунки и слушайте монологи первый раз.

Перед вами семья Анны Андреевны и Николая Алексеевича.
Через неделю вся семья соберётся в доме. Каждый ждёт этой встречи. Вы услышите 4 рассказа.
Послушайте, о чём говорят члены этой семьи.

монолог первый

У меня о́чень больша́я семья́. Че́рез неде́лю у меня́ День рожде́ния. И я о́чень хочу́, чтобы все мои́ де́ти и вну́ки собрали́сь вме́сте. Я живу́ вме́сте со свое́й ста́ршей до́черью и её детьми́. Живём мы о́чень дру́жно. Я помога́ю воспи́тывать вну́ков. А их у меня́ тро́е. И все ма́льчики. Представля́ете? Одни́ ма́льчики. И чуде́сные. Ста́рший, Серёжа, уже́ хо́дит в шко́лу, а мла́дший ещё да́же не говори́т. Муж у мое́й до́чери замеча́тельный. Он мно́го рабо́тает и хорошо́ зараба́тывает. Моя́ дочь за ним как за ка́менной стено́й. Я о́чень за неё ра́да. Моя́ мла́дшая дочь у́чится. И живёт, к сожале́нию, не с на́ми. Она́ живёт в друго́м го́роде. Я о́чень ча́сто ду́маю о ней. Как она́ там? Соверше́нно одна́ и в чужо́м го́роде. Но она́ пи́шет, что всё у неё хорошо́. Ну что же?! Мо́жет быть, это и лу́чше. Ра́ньше ста́нет самостоя́тельной. А вот мой сын?! О, я о нём ду́маю постоя́нно. Он жени́лся два го́да наза́д. Де́вушка была́ о́чень хоро́шей. Всем нра́вилась. А он? Вы представля́ете, че́рез год развёлся. А сейча́с живёт с друго́й же́нщиной. Я её и не ви́дела. Да и ви́деть не хочу́.

монолог второй

Приве́т! Че́рез неде́лю е́ду к свои́м! О! Это здо́рово! Я так соску́чилась! О́чень хочу́ уви́деть всех. У меня́ уже́ три племя́нника. Ничего́ себе! Тро́е! Да ещё все ма́льчики! Представля́ю, как им, наве́рное, ве́село. Ма́ма пи́шет, что ста́рший весь в отца́. Тако́й же серьёзный. Игра́ет в ша́хматы, хорошо́ у́чится. А мла́дший? Мла́дшего я ещё и не ви́дела. То́лько зна́ю, как зову́т, — Са́ша, Са́шенька. Он роди́лся шесть ме́сяцев наза́д. Говоря́т, о́чень похо́ж на мать. Как две ка́пли воды́. Зна́чит, бу́дет счастли́вым. Так говоря́т. Е́сли ма́льчик похо́ж на мать, зна́чит, бу́дет счастли́вым. А де́вочка, е́сли похо́жа на отца́, то́же должна́ быть счастли́вой. И это пра́вда. Пра́вда, пра́вда! Вот я, я похо́жа на па́пу. И о́чень сча́стлива. Учу́сь. Живу́ соверше́нно самостоя́тельно. Хожу́, куда́ хочу́; дружу́, с кем хочу́. Ра́зве пло́хо?

монолог третий

Здра́вствуйте! Ско́ро у нас пра́здник. День рожде́ния. Пло́хо, коне́чно, что не у меня́. Но всё равно́ хорошо́. Прие́дут все. Тёти, дя́ди. И мне что́-нибудь пода́рят, каку́ю-нибудь игру́шку. Я о́чень хочу́ маши́ну. Большу́ю маши́ну. Я уже́ сказа́л па́пе, что хочу́ большу́ю-большу́ю маши́ну. Никому́ не дам. Бу́ду сам игра́ть. Да́же Серёже... Да-а-а! А ему́ и не на́до. Он це́лый день в ша́хматы игра́ет.

монолог четвёртый

О! Че́рез неде́лю ну́жно идти́ к свои́м. О́чень не хо́чется. Начну́т спра́шивать. Ма́ма ещё пла́кать бу́дет. Представля́ю! Ой! Как не хо́чется. Но на́до идти́. Ведь День рожде́ния. Хочу́ взять с собо́й Ви́ку. Но о́чень бою́сь. Что ска́жет ма́ма? Ведь ей так нра́вилась моя́ бы́вшая жена́. Ну что же де́лать? Встре́тил Ви́ку. Соверше́нно случа́йно. Вме́сте отдыха́ли на ю́ге. И влюби́лся с пе́рвого взгля́да. С кем не быва́ет? Уви́дел и соверше́нно потеря́л го́лову. Ушёл от жены́. Но сейча́с, зна́ете, я ду́маю, что Ви́ка — это то, что мне ну́жно. Она́ и́менно тот челове́к, о кото́ром я мечта́л всю жизнь. Вот уже́ год, как мы живём вме́сте. И я люблю́ её всё бо́льше и бо́льше. И она́ меня́ лю́бит. По-мо́ему, лю́бит. Ду́маю, что лю́бит.

Б.19. Слушайте диалог.

Ви́ктор:	Здра́вствуй, А́ня!
А́ня:	Приве́т!
Ви́ктор:	Ты куда́?
А́ня:	Я е́ду к свое́й двою́родной сестре́. Сего́дня у неё сва́дьба.
Ви́ктор:	О, поздравля́ю! Это Ни́на выхо́дит за́муж?

Аня:	Ты ра́зве её зна́ешь?
Виктор:	Коне́чно. Я не́сколько раз ви́дел её у вас до́ма.
Аня:	Ну да, коне́чно.
Виктор:	Ско́лько же Ни́не лет? Она́, по-мо́ему, о́чень молода́я.
Аня:	Ни́не? Да ей уже́ два́дцать семь!
Виктор:	Два́дцать семь? Я ду́мал, что ей лет два́дцать. А за кого́ же она́ выхо́дит за́муж?
Аня:	За па́рня с рабо́ты. Они́ рабо́тают в одно́м институ́те. По-мо́ему, о́чень хоро́ший челове́к. Пра́вда, я его́ ви́дела всего́ два ра́за.
Виктор:	А где сва́дьба?
Аня:	В рестора́не. Прие́дут все на́ши ро́дственники. Представля́ешь? Да́же ба́бушка собира́ется. Говори́т, что хо́чет посмотре́ть на всех свои́х дете́й и вну́ков. Посмотрю́, говори́т, а пото́м и умере́ть мо́жно.
Виктор:	А ско́лько же у неё вну́ков?
Аня:	Ско́лько? М-м-м. У ма́мы… нас тро́е. Я и два бра́та.
Виктор:	У тебя́ есть бра́тья? Я их никогда́ не ви́дел.
Аня:	Да они́ уже́ взро́слые. И живу́т давно́ не с на́ми. Пе́тя ста́рше меня́ на пять лет. Он роди́лся… Когда́ же, подожди́. Како́й у нас сейча́с год?.. Двухты́сячный. Да! Пе́те сейча́с два́дцать семь лет. Зна́чит, он роди́лся в 1973-ом году́. А Ми́ша ещё ста́рше его́. Он ста́рше Пе́ти на два го́да.
Виктор:	Зна́чит, у ба́бушки вас тро́е и Ни́на.
Аня:	Да нет. Подожди́. У бра́та мое́й ма́мы дво́е дете́й.
Виктор:	У твоего́ дя́ди?
Аня:	Да, да. У моего́ дя́ди две до́чери. Две де́вушки. Ни́на и Ната́ша. Ни́на ста́ршая дочь. А Ната́ша моло́же Ни́ны на четы́ре го́да. Вот. По-мо́ему, всё.

ВНЕШНОСТЬ

Б.1. Слушайте микротексты, вписывайте пропущенные слова.

1   1 У меня́ есть друг, Анто́н. Анто́н о́чень интере́сный молодо́й челове́к. У него́ коро́ткие чёрные во́лосы и си́ние глаза́.

2 У Анто́на то́нкие бро́ви и прямо́й нос.

3 Одева́ется он всегда́ со вку́сом.

4 На рабо́те он хо́дит в тёмных костю́мах и бе́лых руба́шках.

5 Обы́чно он но́сит га́лстуки.

6 До́ма он всегда́ оде́т о́чень про́сто.

7 Вот и сейча́с он в джи́нсах и в футбо́лке.

8 Мой друг занима́ется спо́ртом. И все говоря́т, что он кровь с молоко́м.

9 На него́ всегда́ прия́тно смотре́ть. Румя́нец во всю щёку.

10 Но в после́днее вре́мя его́ не узна́ть.

11 Что с ним случи́лось? Почему́ он так измени́лся?

12 У него́ появи́лись синяки́ под глаза́ми.

13 Он похуде́л и побледне́л. Мо́жет, он бо́лен? А мо́жет, влюблён?

2   1 Моя́ подру́га о́чень симпати́чная де́вушка.

2 Она́ сре́днего ро́ста.

3 Она́ не худа́я и не по́лная.

4 У неё больши́е ка́рие глаза́ и прямо́й ма́ленький нос.

5 Она́ о́чень стро́йная.

6 У неё то́нкие чёрные бро́ви и све́тлые волни́стые во́лосы.

7 Де́вушка с ка́рими глаза́ми и све́тлыми волоса́ми — э́то о́чень краси́во. Пра́вда?

8 Моя́ подру́га одева́ется всегда́ с больши́м вку́сом.

9 Вот и сего́дня. Посмотри́! Она́ в коро́тком зелёном пла́тье.

10 Пла́тье о́чень идёт ей.

11 Она́ лю́бит украше́ния.

12 Иногда́ она́ но́сит бу́сы и се́рьги.

13 А сего́дня она́ в краси́вом брасле́те.

Б.2. Прослу́шайте микроте́ксты. Напиши́те связные словосочета́ния, которые можно употреби́ть в этих микроте́кстах.

1 Как ты оде́та? Сейча́с никто́ так не одева́ется! Ю́бка?! Что за ю́бка? В таки́х ю́бках ходи́ли ещё на́ши ба́бушки!

2 В мою́ подру́гу влюблён оди́н молодо́й челове́к. Он у́чится на на́шем факульте́те. Тако́й, зна́ете, спортсме́н. Прия́тно посмотре́ть. Никогда́ не боле́ет. Румя́нец во всю щёку.

3 Вчера́ Ни́на пришла́ в зелёном пла́тье. И оно́ ей так хорошо́! Представля́ете, я ра́ньше и не ви́дела, что глаза́-то у Ни́ны зелёные! О́чень хорошо́ ей э́то пла́тье.

Б.3. Слу́шайте и чита́йте предложе́ния. Заменя́йте констру́кцию *У КОГО? ЧТО?* констру́кцией *КТО? С ЧЕМ?*

Образе́ц: У де́вушки высо́кий краси́вый лоб.
— Де́вушка с высо́ким краси́вым лбом.

Слу́шайте, выполня́йте и проверя́йте себя́.

1 У молодо́го челове́ка борода́ и усы́.
— Молодо́й челове́к с бородо́й и уса́ми.

2 У ма́льчика коро́ткие во́лосы.
— Ма́льчик с коро́ткими волоса́ми.

3 У де́вочки ка́рие глаза́.
— Де́вочка с ка́рими глаза́ми.

4 У де́вушки ма́ленький краси́вый рот.
— Де́вушка с ма́леньким краси́вым ртом.

5 У мужчи́ны скула́стое лицо́.
— Мужчи́на со скула́стым лицо́м.

6 У ю́ноши дли́нные волни́стые во́лосы.
— Ю́ноша с дли́нными волни́стыми волоса́ми.

Б.4. Слу́шайте вопро́сы и отвеча́йте на них. Да́йте по́лные отве́ты на вопро́сы. В отве́тах испо́льзуйте слова́, приведённые в зада́нии.

Образе́ц: 1 краси́вые чёрные глаза́
— Каки́е глаза́ у э́той де́вушки?
— У э́той де́вушки краси́вые чёрные глаза́.

203

2 прямы́е дли́нные во́лосы
— Кака́я э́то де́вушка?
— Э́то де́вушка с прямы́ми дли́нными волоса́ми.

Слушайте, выполняйте и проверяйте себя.

1 кудря́вые во́лосы
— Каки́е во́лосы у э́того ю́ноши?
— У э́того ю́ноши кудря́вые во́лосы.

2 прямо́й то́нкий нос
— Кака́я э́то де́вушка?
— Э́то де́вушка с прямы́м то́нким но́сом.

3 зелёные глаза́
— Каки́е глаза́ у его́ подру́ги?
— У его́ подру́ги зелёные глаза́.

4 хоро́шая фигу́ра
— Кака́я э́то де́вушка?
— Э́то де́вушка с хоро́шей фигу́рой.

5 ма́ленький краси́вый рот
— Како́й рот у э́той де́вушки?
— У э́той де́вушки ма́ленький краси́вый рот.

Б.5. Слушайте микротексты. Вписывайте глагол ЕСТЬ. Там, где вы не слышите этот глагол, ставьте прочерк (—).

1   А: Каки́е у тебя́ глаза́?
       Б: Каки́е у меня́ глаза́? Ты что, никогда́ не обраща́ла внима́ния? У меня́ зелёные глаза́.
       А: У тебя́ зелёные глаза́? Дай-ка посмотре́ть! И пра́вда! Каки́е у тебя́ краси́вые глаза́! У тебя́ есть зелёное пла́тье?
       Б: К сожале́нию, нет. Но у меня́ есть зелёные се́рьги. И они́ мне о́чень иду́т.

2   А: Пойдём сего́дня на дискоте́ку? У тебя́ есть пла́тье?
       Б: Коне́чно, есть.
       А: Нет. У тебя́ есть наря́дное пла́тье?
       Б: Есть. Но заче́м оно́ на дискоте́ку? А у тебя́ есть джи́нсы?
       А: Есть.
       Б: А каки́е у тебя́ джи́нсы?
       А: Ну как каки́е? Джи́нсы как джи́нсы! Обы́чные. У меня́ си́ние обы́чные джи́нсы.
       Б: Нет, у тебя́ есть ора́нжевые джи́нсы?
       А: Ора́нжевые? Коне́чно, нет.
       Б: Ну тогда́ я с тобо́й не пойду́! Сейча́с в мо́де ора́нжевые и я́рко-зелёные джи́нсы.
       А: Я́рко-зелёные? Неуже́ли! На́до же! Я совсе́м отста́ла от жи́зни!

Б.6. Слушайте вопросы и отвечайте на них. В ответах используйте слова, приведённые в задании.

Образец: чёрный, коричневый

— У тебя <u>есть</u> ботинки?
— Да, есть.

— Какие у тебя ботинки?
— У меня <u>чёрные</u> ботинки.

— А коричневые ботинки у тебя есть?
— Да, у меня <u>есть</u> коричневые ботинки.

Слушайте, выполняйте и проверяйте себя.

1 красный, белый
— У тебя есть свитер?
— Да, есть.
— Какой у тебя свитер?
— У меня красный свитер.
— А белый свитер у тебя есть?
— Да, у меня есть белый свитер.

2 синий, красный
— У тебя есть костюм?
— Да, есть.
— Какой у тебя костюм?
— У меня синий костюм.
— А красный костюм у тебя есть?
— Да, у меня есть красный костюм.

3 серебряные, золотые
— У тебя есть серьги?
— Да, есть.
— Какие у тебя серьги?
— У меня серебряные серьги.
— А золотые серьги у тебя есть?
— Да, у меня есть золотые серьги.

Б.7. Слушайте микротексты. Вписывайте пропущенные слова.

1 1 Эта девушка всегда одевается со вкусом.
2 Обычно она ходит в тёмных костюмах.
3 Она носит красивые блузки.
4 Обычно она ходит в туфлях на высоком каблуке.
5 Сегодня она в красивом голубом платье.

2 1 Как мы одеваемся?
2 О! Зимой у нас, например, очень холодно. Зимой мы носим пальто и шапки.
3 Женщины ходят в тёплых сапогах.
4 Мужчины тоже носят сапоги.
5 Но сейчас у нас уже весна. И сегодня я в куртке и в ботинках.
6 Правда, вчера было ещё холодно. Поэтому вчера я была в куртке и в тёплом свитере.
7 Летом у нас бывает очень жарко. Когда жарко, я обычно хожу в лёгком платье и в сандалиях.
8 Туфли я ношу редко.

3 1 Послу́шай, Ни́на, в чём э́то сего́дня Ка́тя?

2 Посмотри́, она́ в кра́сной ю́бке, в зелёной ко́фте и в жёлтых ту́флях.

3 Как она́ безвку́сно одева́ется!

4 А в чём э́то пришла́ сего́дня Ви́ка? Каки́е краси́вые брю́ки!

5 А Ле́на, посмотри́! В чём сего́дня Ле́на?!

6 Она́ в тако́м же пла́тье, как и я. О у́жас!

Б.8. Слу́шайте предложе́ния. Заменя́йте констру́кцию ХОДИ́ТЬ *В ЧЁМ?* констру́кцией НОСИ́ТЬ *ЧТО?*

Образец: Я обы́чно хожу́ в джи́нсах.
— Я обы́чно ношу́ джи́нсы.

Слу́шайте, выполня́йте и проверя́йте себя́.

1 Эта де́вушка иногда́ хо́дит в дли́нной ю́бке.
— Эта де́вушка иногда́ но́сит дли́нную ю́бку.

2 Эта же́нщина ка́ждый день хо́дит в дли́нной ю́бке.
— Эта же́нщина ка́ждый день но́сит дли́нную ю́бку.

3 Эта де́вочка всегда́ хо́дит в коро́ткой ю́бке.
— Эта де́вочка всегда́ но́сит коро́ткую ю́бку.

4 Этот па́рень всегда́ хо́дит в кроссо́вках.
— Этот па́рень всегда́ но́сит кроссо́вки.

5 Моя́ тётя обы́чно хо́дит в си́нем костю́ме.
— Моя́ тётя обы́чно но́сит си́ний костю́м.

Б.9. Слу́шайте предложе́ния. Затем слу́шайте вопро́сы и отвеча́йте на них. В отве́тах испо́льзуйте слова́, приведённые в зада́нии.

Образец: пла́тье Моя́ ма́ма обы́чно но́сит костю́мы. А сего́дня она́ в чём?
— Сего́дня она́ в пла́тье.

Слу́шайте, выполня́йте и проверя́йте себя́.

1 ю́бка
Эта де́вушка обы́чно но́сит брю́ки. А сего́дня она́ в чём?
— Сего́дня она́ в ю́бке.

2 джи́нсы
Мой дя́дя но́сит костю́мы. А сего́дня он в чём?
— Сего́дня он в джи́нсах.

3 ту́фли
Ни́на обы́чно но́сит боти́нки. А сего́дня она́ в чём?
— Сего́дня она́ в ту́флях.

Б.10. Слу́шайте предложе́ния. Заменя́йте констру́кции ХОДИ́ТЬ *В ЧЁМ?* НОСИ́ТЬ *ЧТО?* констру́кцией БЫТЬ *В ЧЁМ?* Следи́те за вре́менем глаго́ла.

Образец: Обы́чно она́ хо́дит в си́нем пальто́. И сего́дня…
— И сего́дня она́ в си́нем пальто́.

Слушайте, выполняйте и проверяйте себя.

1 Обы́чно она́ но́сит костю́м и блу́зку. И сего́дня…
— И сего́дня она́ в костю́ме и блу́зке.

2 Обы́чно он но́сит бе́лую руба́шку и га́лстук. И сего́дня…
— И сего́дня он в бе́лой руба́шке и га́лстуке.

3 Ка́ждый день она́ но́сит краси́вые чёрные ту́фли. И вчера́…
— И вчера́ она́ была́ в краси́вых чёрных ту́флях.

4 Она́ всегда́ но́сит краси́вые зелёные бу́сы. И вчера́…
— И вчера́ она́ была́ в краси́вых зелёных бу́сах.

5 До́ма она́ но́сит лёгкое голубо́е пла́тье. И за́втра…
— И за́втра она́ бу́дет в лёгком голубо́м пла́тье.

6 Зимо́й она́ ча́сто но́сит тёплую си́нюю ко́фту. И за́втра…
— И за́втра она́ бу́дет в тёплой си́ней ко́фте.

Б.11. Слушайте и читайте предложения. Затем слушайте вопросы и отвечайте на них. В ответах используйте информацию предложения, которое вы прочитали. Пишите свои ответы.

1 Э́то ю́бка и блу́зка.
— В чём обы́чно хо́дит моя́ подру́га?

2 Э́то костю́м и га́лстук.
— Что его́ оте́ц обы́чно но́сит на рабо́ту?

3 Э́то джи́нсы и ма́йка.
— В чём ты сейча́с?

4 Э́то бу́сы и се́рьги.
— В чём сего́дня пришла́ Ната́ша?

5 Э́то руба́шка и брю́ки.
— В чём он хо́дит ле́том?

6 Э́то сапоги́ и сви́тер.
— Что они́ обы́чно но́сят зимо́й?

7 Э́то краси́вое дли́нное пла́тье и брасле́т.
— В чём она́ вчера́ была́ в теа́тре?

8 Э́то зи́мняя ку́ртка и тёплый сви́тер.
— В чём она́ пошла́ сего́дня в университе́т?

Б.12. Слушайте микротекст. Пишите пропущенные слова.

1 У меня́ есть знако́мый молодо́й челове́к. Ему́ никогда́ не хо́лодно. Да́же зимо́й он хо́дит без пальто́ и ша́пки.

2 Вот и сего́дня, когда́ на у́лице −25°, он без пальто́.

3 Но у него́ хоро́шие густы́е во́лосы. Он с бородо́й и уса́ми. Мо́жет быть, поэ́тому ему́ никогда́ не хо́лодно?

Б.13. Слушайте вопросы, отвечайте на них отрицательно. Дайте краткие ответы на вопросы. В ответах используйте конструкцию *КТО? БЕЗ ЧЕГО?* Если же нельзя употребить эту конструкцию, используйте конструкцию *КТО? В ЧЁМ?* и слова, приведённые в задании.

Образец: 1   костюм   — Он сегодня в галстуке?
                               — Нет, без галстука.

            2   платье   — Она сегодня в юбке?
                               — Нет, ~~без юбки~~ в платье.

Слушайте, выполняйте и проверяйте себя.

1 пальто
— Он вчера был в свитере?
— Нет, без свитера.

2 платье
— Она в театре была в костюме?
— Нет, в платье.

3 серьги
— Она сегодня в очках?
— Нет, без очков.

4 туфли
— Она вчера была в ботинках?
— Нет, в туфлях.

5 костюм
— Ты пришла сегодня в пальто?
— Нет, без пальто.

6 бусы
— Ты пойдёшь на работу в серьгах?
— Нет, без серёг.

7 джинсы
— Он сегодня в брюках?
— Нет, в джинсах.

8 платье
— Ты пришла в юбке?
— Нет, в платье.

Б.14. Сейчас вы услышите маленькие диалоги.

В них речь идёт о людях, которые изображены на картинках на стр. 59. Вам надо прослушать диалоги и понять, о ком идёт речь в этих диалогах. Слушайте диалог и ставьте номер картинки.

первый диалог

Мужчина: Кто это?
Женщина: Это женщина.
Мужчина: Она высокая?
Женщина: Нет, она маленького роста.
Мужчина: Она полная или худая?

208

Женщина:	Она́ по́лная.
Мужчина:	Каки́е у неё во́лосы?
Женщина:	У неё коро́ткие во́лосы. Она́ кудря́вая.
Мужчина:	Како́е у неё лицо́?
Жещина:	У неё кру́глое большо́е лицо́, большо́й рот, по́лные я́ркие гу́бы.
Мужчина:	Как она́ оде́та?
Женщина:	Она́ в пла́тье и в ту́флях на высо́ких каблука́х.
Мужчина:	Так, зна́чит, э́то же́нщина. Э́та же́нщина ма́ленького ро́ста. У неё коро́ткие во́лосы, кру́глое большо́е лицо́, я́ркие гу́бы. Она́ в пла́тье и в ту́флях на высо́ком каблуке́. Кто э́то?

второй диалог

Женщина 1:	Кто э́то?
Женщина 2:	Э́то мужчи́на.
Женщина 1:	Как он вы́глядит?
Женщина 2:	Он вы́глядит не о́чень здоро́вым.
Женщина 1:	Он стро́йный?
Женщина 2:	Нет, он суту́лый.
Женщина 1:	Како́е у него́ лицо́?
Женщина 2:	У него́ большо́е скула́стое лицо́.
Женщина 1:	Каки́е у него́ во́лосы?
Женщина 2:	У него́ густы́е чёрные во́лосы.
Женщина 1:	Каки́е у него́ глаза́?
Женщина 2:	У него́ больши́е кру́глые глаза́.
Женщина 1:	А лоб? Како́й у него́ лоб?
Женщина 2:	У него́ ни́зкий лоб.
Женщина 1:	А како́й у него́ нос?
Женщина 2:	У него́ большо́й дли́нный нос.
Женщина 1:	У него́ есть борода́?
Женщина 2:	Да, он с бородо́й и с уса́ми.
Женщина 1:	Как э́тот мужчи́на оде́т?
Женщина 2:	Он в руба́шке и брю́ках.
Женщина 1:	Так, зна́чит, э́то мужчи́на. У него́ тёмные кудря́вые во́лосы, скула́стое лицо́, больши́е кру́глые глаза́. Он с бородо́й и уса́ми. Он в руба́шке и брю́ках. Кто э́то?

третий диалог

Женщина:	Кто э́то?
Мужчина:	Э́то мужчи́на.
Женщина:	Он высо́кий?
Мужчина:	Нет, он ма́ленького ро́ста.
Женщина:	Како́й он? Он худо́й?
Мужчина:	Нет, он не худо́й. Скоре́е, он то́лстый.
Женщина:	Каки́е у него́ во́лосы?
Мужчина:	Во́лосы? Он лы́сый.
Женщина:	Како́й у него́ нос?
Мужчина:	У него́ большо́й дли́нный нос.
Женщина:	А како́й у него́ рот? Большо́й или ма́ленький?
Мужчина:	Большо́й.
Женщина:	В чём он?
Мужчина:	Он в костю́ме, в руба́шке с га́лстуком. На нога́х у него́ чёрные боти́нки.
Женщина:	Ита́к, э́то мужчи́на. Он ма́ленького ро́ста, лы́сый. У него́ большо́й рот, большо́й дли́нный нос. Он в костю́ме и га́лстуке. Он в чёрных боти́нках. Кто э́то?

Б.15. Подчеркните, выделите нужную информацию.

Слушайте и повторяйте.

1. Оле́г сего́дня в кроссо́вках. (А не Ви́ктор.)
2. Оле́г сего́дня в кроссо́вках. (А не [был] вчера́.)
3. Оле́г сего́дня в кроссо́вках. (А не в боти́нках.)
4. У мое́й ста́ршей сестры́ золоты́е се́рьги. (А не у твое́й.)
5. У мое́й ста́ршей сестры́ золоты́е се́рьги. (А не у мла́дшей.)
6. У мое́й ста́ршей сестры́ золоты́е се́рьги. (А не у подру́ги.)
7. У мое́й ста́ршей сестры́ золоты́е се́рьги. (А не сере́бряные.)
8. У мое́й ста́ршей сестры́ золоты́е се́рьги. (А не брасле́т.)

Б.16. Слушайте вопросы и отвечайте на них.
В ответе выделяйте ту информацию, которая интересует вашего партнёра по диалогу.

Образец:　У неё краси́вые глаза́.

— У кого́ краси́вые глаза́?
— У неё. У неё краси́вые глаза́.
— Каки́е у неё глаза́?
— Краси́вые. У неё краси́вые глаза́.

Слушайте, выполняйте и проверяйте себя.

1 Андре́й одева́ется со вку́сом.
　1) — Как одева́ется Андре́й?
　　— Со вку́сом. Андре́й одева́ется со вку́сом.
　2) — Кто одева́ется со вку́сом?
　　— Андре́й. Андре́й одева́ется со вку́сом.

2 Ле́том она́ хо́дит в лёгком пла́тье.
　1) — В како́м пла́тье она́ хо́дит ле́том?
　　— В лёгком. Ле́том она́ хо́дит в лёгком пла́тье.
　2) — Кто ле́том хо́дит в лёгком пла́тье?
　　— Она́. Ле́том она́ хо́дит в лёгком пла́тье.
　3) — Когда́ она́ хо́дит в лёгком пла́тье?
　　— Ле́том. Ле́том она́ хо́дит в лёгком пла́тье.

3 Она́ хорошо́ описа́ла э́ту же́нщину.
　1) — Что она́ сде́лала хорошо́?
　　— Описа́ла. Она́ хорошо́ описа́ла э́ту же́нщину.
　2) — Кого́ она́ хорошо́ описа́ла?
　　— Же́нщину. Она́ хорошо́ описа́ла э́ту же́нщину.
　3) — Кто хорошо́ описа́л э́ту же́нщину?
　　— Она́. Она́ хорошо́ описа́ла э́ту же́нщину.
　4) — Как она́ описа́ла э́ту же́нщину?
　　— Хорошо́. Она́ хорошо́ описа́ла э́ту же́нщину.
　5) — Каку́ю же́нщину она́ описа́ла хорошо́?
　　— Э́ту. Она́ хорошо́ описа́ла э́ту же́нщину.

4 Оле́г вчера́ был в но́вой руба́шке.
　1) — Кто вчера́ был в но́вой руба́шке?
　　— Оле́г. Оле́г вчера́ был в но́вой руба́шке.
　2) — Когда́ Оле́г был в но́вой руба́шке?
　　— Вчера́. Оле́г вчера́ был в но́вой руба́шке.

3) — В чём вчера́ был Оле́г?
    — В руба́шке. Оле́г вчера́ был в но́вой <u>руба́шке</u>.
4) — В како́й руба́шке был вчера́ Оле́г?
    — В но́вой. Оле́г вчера́ был <u>в но́вой</u> руба́шке.

Б.17. Слушайте вопросы и отвечайте на них. В ответах выделяйте ту информацию, которая интересует вашего партнёра по диалогу.

Образец: — Андре́й стро́йный.
            — А Никола́й?
            — <u>И Никола́й</u> стро́йный.

Слушайте, выполняйте и проверяйте себя.

1 — Оле́г высо́кий.
   — А Андре́й?
   — <u>И Андре́й</u> высо́кий.

2 — У Ната́ши мо́дное пла́тье.
   — А у Йры?
   — <u>И у Йры</u> мо́дное пла́тье.

3 — Мой друг хорошо́ одева́ется.
   — А его́ друг?
   — <u>И его́ друг</u> хорошо́ одева́ется.

4 — Ната́ша по́лная.
   — А её сестра́?
   — <u>И её сестра́</u> по́лная.

5 — О́ля на ве́чере была́ в наря́дном пла́тье.
   — А Ве́ра?
   — <u>И Ве́ра</u> была́ на ве́чере в наря́дном пла́тье.

Б.18. Слушайте вопросы и отвечайте на них.

Образец: — Моя́ сестра́ ры́жая.
            — А твой брат?
            — Мой брат <u>то́же</u> ры́жий.

Слушайте, выполняйте и проверяйте себя.

1 — У Ната́ши ма́ленький рот.
   — А у Ка́ти?
   — У Ка́ти <u>то́же</u> ма́ленький.

2 — Я ношу́ се́рьги.
   — А бу́сы?
   — Бу́сы я <u>то́же</u> ношу́.

3 — У неё румя́нец во всю щёку.
   — А у него́?
   — У него́ <u>то́же</u> румя́нец во всю щёку.

4 — Её племя́нник — кровь с молоко́м.
   — А её племя́нница?
   — Её племя́нница <u>то́же</u> кровь с молоко́м.

5 — Кра́сный цвет мне к лицу́.
   — А зелёный?
   — Зелёный <u>то́же</u> к лицу́.

Б.19. Отвечайте на вопросы. В ответах используйте антонимы.

Образец: — Андре́й суту́лый.
          — А Никола́й?
          — А Никола́й — стро́йный.

Слушайте, выполняйте и проверяйте себя.

1 — У А́ни ни́зкий лоб.
   — А у Ната́ши?
   — А у Ната́ши — высо́кий.

2 — Ка́тя бле́дная.
   — А Ва́ля?
   — А Ва́ля — румя́ная.

3 — У его́ ма́мы тёмные глаза́.
   — А у па́пы?
   — А у па́пы — све́тлые.

4 — У сестры́ то́нкие бро́ви.
   — А у бра́та?
   — А у бра́та — широ́кие.

5 — У мое́й ста́ршей сестры́ дли́нные во́лосы.
   — А у мла́дшей?
   — А у мла́дшей — коро́ткие.

Б.20. Выразите оценку с помощью предложений с местоименными словами КАКОЙ (КАКАЯ, КАКОЕ, КАКИЕ), КАК.

Слушайте и повторяйте.

1 Кака́я у неё фигу́ра!
Кака́я у неё прекра́сная фигу́ра!
Кака́я у неё плоха́я фигу́ра!

2 Каки́е у неё во́лосы!
Каки́е у неё хоро́шие во́лосы!
Каки́е у неё плохи́е во́лосы!

3 Како́й у него́ лоб!
Како́й у него́ высо́кий лоб!
Како́й у него́ ни́зкий лоб!

4 Как она́ одева́ется!
Как она́ хорошо́ одева́ется!
Как она́ ужа́сно одева́ется!

Б.21. Выразите оценку с помощью предложений с местоименными словами. Как вы думаете, какую оценку — положительную или отрицательную — выражают эти предложения? Поставьте около каждого предложения плюс (+) или минус (—).

Образец: Какие у неё красивые глаза! _____ +

Слушайте и повторяйте.

1 Какой у него огромный нос!
2 Какие у неё маленькие глаза!
3 Какое у неё скуластое лицо!
4 Какая она стройная!
5 Какой у неё курносый нос!
6 Какие у неё широкие брови!
7 Какая она худая!
8 Какие у неё полные губы!
9 Какой у неё большой рот!
10 Какой он высокий!

Б.22. Выразите оценку с помощью предложений с местоименными словами КАКОЙ (КАКАЯ, КАКОЕ, КАКИЕ), КАК.

Образец: У неё красивые глаза.
— Какие у неё красивые глаза!

Слушайте, выполняйте и проверяйте себя.

1 У него прекрасные волосы.
— Какие у него прекрасные волосы!

2 У неё ужасное платье.
— Какое у неё ужасное платье!

3 У неё прекрасная фигура.
— Какая у неё прекрасная фигура!

4 У неё модные туфли.
— Какие у неё модные туфли!

5 У неё отличный вкус.
— Какой у неё отличный вкус!

6 Она модно одевается.
— Как она модно одевается!

7 Он безвкусно одевается.
— Как он безвкусно одевается!

8 Он постарел.
— Как он постарел!

9 Она похудела.
— Как она похудела!

Б.23. Выразите оценку с помощью предложений со словами ТАКОЙ (ТАКАЯ, ТАКОЕ, ТАКИЕ), ТАК.

Слушайте и повторяйте.

1 У неё таки́е краси́вые глаза́!
2 У неё така́я хоро́шая фигу́ра!
3 У него́ таки́е синяки́ под глаза́ми!
4 Она́ така́я сего́дня наря́дная!
5 Он тако́й сего́дня элега́нтный!
6 Э́то так ей идёт!
7 Она́ так хорошо́ одева́ется!
8 Он так похуде́л!

Б.24. Выразите оценку, употребляя слова ТАКОЙ (ТАКАЯ, ТАКОЕ, ТАКИЕ), ТАК.

Образец: У неё краси́вые глаза́.
— У неё таки́е краси́вые глаза́!

Слушайте, выполняйте и проверяйте себя.

1 У неё хоро́шие во́лосы.
— У неё таки́е хоро́шие во́лосы!

2 У него́ мо́дный га́лстук.
— У него́ тако́й мо́дный га́лстук!

3 У неё печа́льные глаза́.
— У неё таки́е печа́льные глаза́!

4 Она́ то́лстая.
— Она́ така́я то́лстая!

5 Она́ симпати́чная.
— Она́ така́я симпати́чная!

6 Он высо́кий.
— Он тако́й высо́кий!

7 Он попра́вился.
— Он так попра́вился!

8 Он пополне́л.
— Он так пополне́л!

9 Она́ постаре́ла.
— Она́ так постаре́ла!

10 Она́ отста́ла от жи́зни.
— Она́ так отста́ла от жи́зни!

11 Э́то ей к лицу́.
— Э́то так ей к лицу́!

Б.25. Слушайте монолог.

Меня́ зову́т А́нна Серге́евна. Я уже́ на пе́нсии. 40 лет я прорабо́тала в шко́ле учи́тельницей. Я преподава́ла в нача́льной шко́ле, в пе́рвых кла́ссах. Я о́чень люби́ла свою́ рабо́ту. И де́ти бы́ли замеча́тельные. Сейча́с всё измени́лось. Наве́рное, жизнь измени́лась, и де́ти поэ́тому измени́лись то́же. Да и шко́ла ста́ла совсе́м друго́й.

Вот, наприме́р, шко́льная фо́рма. Почему́ сейча́с её нет? Не зна́ю. Мне о́чень нра́вилась шко́льная фо́рма. Де́вочки ра́ньше ходи́ли в кори́чневых пла́тьях, а ма́льчики носи́ли си́ние костю́мы и бе́лые руба́шки.

Шко́льная фо́рма, по-мо́ему, э́то о́чень краси́во. Кори́чневое пла́тье идёт любо́й де́вочке. И наря́дно, и краси́во. Шко́льная фо́рма была́ о́чень удо́бна. Когда́ хо́лодно, в ней тепло́. А когда́ жа́рко? А когда́ жа́рко, де́вочки то́же носи́ли си́нюю ю́бку с бе́лой руба́шкой. Как ма́льчики. Краси́во и удо́бно.

А гла́вное, шко́льная фо́рма была́ дешёвая. Шко́льную фо́рму мо́жно бы́ло купи́ть в любо́м магази́не. И не о́чень до́рого. Фо́рму могли́ купи́ть все роди́тели. У кого́ мно́го де́нег, у кого́ ма́ло де́нег — всё равно́. А сейча́с, посмотри́те, в чём сейча́с де́ти хо́дят в шко́лу?! Кто в джи́нсах, кто в брю́ках, кто в пла́тье, кто в ю́бке с ко́фтой. Сла́ва Бо́гу, что ещё в шо́ртах не хо́дят. Ка́ждый день ребёнок хо́чет быть в шко́ле в чём-нибудь но́вом, краси́вом. Что́бы быть лу́чше всех, краси́вее всех. Ну ра́зве э́то хорошо́? Лу́чше бы учи́лся! А не о наря́дах ду́мал! У меня́ у само́й вну́чка. Так ка́ждое у́тро слёзы. В э́той ко́фте не пойду́, и в э́той ко́фте то́же не пойду́, а в э́том пла́тье я уже́ ходи́ла вчера́. Бе́дные роди́тели! Где взять сто́лько де́нег!

Да ещё де́вочки сейча́с в шко́лу хо́дят в серьга́х, брасле́тах. Ра́ньше бы в серьга́х в шко́лу не пусти́ли. А сейча́с! Я здесь неда́вно ви́дела шко́льницу. Так у неё три серьги́ в у́хе! Три серьги́! Представля́ете?! Кака́я же э́то шко́льница?

Нет, ра́ньше в шко́ле бо́льше бы́ло поря́дка!

Б.28. Слушайте диалог.

(Телефо́нный звоно́к. А́ня берёт тру́бку.)

Аня: Алло́!
Вера: Здра́вствуйте, бу́дьте добры́ А́ню.
Аня: Это А́ня.
Вера: Здра́вствуйте, А́ня. Меня́ зову́т Ве́ра. Вы меня́ не зна́ете. Вы зна́ете мою́ подру́гу, Ни́ну.
Аня: Да, да, коне́чно.
Вера: Ни́на писа́ла вам, что я бу́ду не́сколько дней в Москве́.
Аня: Да, я получи́ла письмо́ от Ни́ны. И в нём она́ писа́ла о вас. Она́ написа́ла, что вы хоти́те немно́го посмотре́ть го́род. Коне́чно, я с удово́льствием покажу́ вам Москву́.
Вера: Пра́вда? Это не о́чень сло́жно? Я никогда́ не быва́ла в Москве́. И мне, коне́чно, о́чень хо́чется посмотре́ть го́род.
Аня: О чём речь? Где вы останови́лись?
Вера: Я живу́ сейча́с в гости́нице «Москва́».
Аня: Прекра́сно! Это в са́мом це́нтре. Где мы с ва́ми встре́тимся?
Вера: Не зна́ю, как вам удо́бно.
Аня: Дава́йте о́коло вхо́да в гости́ницу. Вы ведь пло́хо зна́ете го́род. Я прие́ду пря́мо к гости́нице.
Вера: В кото́ром часу́?
Аня: В кото́ром часу́? В четы́ре часа́ вам удо́бно?
Вера: Да, коне́чно. А как я вас узна́ю? Как вы вы́глядите?
Аня: Как я вы́гляжу? Я высо́кая, худа́я. У меня́ коро́ткие све́тлые во́лосы. Я в очка́х.
Вера: Как вы бу́дете оде́ты?
Аня: Я бу́ду в си́ней ю́бке и бе́лой ко́фте.
Вера: Прекра́сно. А я бу́ду в зелёном пла́тье. У меня́ чёрные дли́нные во́лосы. Я сре́днего ро́ста. Ду́маю, что мы обяза́тельно узна́ем друг дру́га.
Аня: Ита́к, мы встреча́емся сего́дня, в четы́ре часа́, у вхо́да в гости́ницу «Москва́». До встре́чи.
Вера: До свида́ния.

Б.30. Прослушайте третий диалог раз. Затем слушайте вопросы и отмечайте правильные ответы.

1 Кто така́я Ни́на?
2 Ско́лько вре́мени Ве́ра бу́дет в Москве́?
3 Почему́ Ве́ра хо́чет посмотре́ть Москву́?

215

4 Где в Москве́ живёт Ве́ра?

5 Где встре́тятся Ве́ра и А́ня?

6 Когда́ они́ встре́тятся?

7 Как вы́глядит А́ня?

8 Как вы́глядит Ве́ра?

9 Как бу́дет оде́та Ве́ра?

Б.1. Слушайте микротексты, вписывайте пропущенные слова.

1   1 Когда́ я вы́шла за́муж, мы жи́ли вме́сте с роди́телями. Но жить вме́сте бы́ло о́чень те́сно.

2 Поэ́тому нам пришло́сь снима́ть кварти́ру.

3 Но снима́ть кварти́ру в Москве́ о́чень до́рого.

4 В про́шлом году́ мы купи́ли но́вую кварти́ру.

5 Мы перее́хали в но́вый десятиэта́жный дом.

6 Коне́чно, сейча́с мы живём далеко́ от це́нтра, почти́ в при́городе Москвы́.

7 Но мы с му́жем о́чень дово́льны. Ря́дом, руко́й пода́ть, замеча́тельный парк.

8 В двух шага́х река́. Ме́сто отли́чное!

2   1 Ле́том на́ши де́ти живу́т на да́че, за́ городом.

2 Да́ча принадлежи́т роди́телям му́жа.

3 Да́ча тёплая, со все́ми удо́бствами.

4 Там есть газ, вода́, да́же отопле́ние.

5 Но е́здить на да́чу о́чень неудо́бно. Коне́чно, на́до покупа́ть маши́ну. Но маши́на нам сейча́с не по карма́ну.

Б.2. Прослушайте микротексты. Напишите одно или два связных словосочетания, которые можно употребить в данных микротекстах.

1 Мой друг живёт в но́вом райо́не. Я был у него́ то́лько оди́н раз. Он живёт о́чень далеко́.

2 Вчера́ в магази́не я уви́дела одно́ пла́тье. Тако́е краси́вое! Но дорого́е!!! Нет, я не смогу́ купи́ть его́.

3 Моя́ дочь перее́хала в но́вую кварти́ру. К сча́стью, её дом недалеко́ от на́шего до́ма. Она́ живёт совсе́м бли́зко, че́рез доро́гу.

4 Мы живём с мои́м бра́том в одно́й ко́мнате. Он всё вре́мя слу́шает свою́ му́зыку. Да ещё так гро́мко! Жить с ним невозмо́жно.

Б.3. Слушайте предложения. Пишите предлоги В, НА, У, К.

1 Мы живём в Ми́тине.

2 Они́ рабо́тают в це́нтре.

3 Кто́-то разгова́ривает на тре́тьем этаже́.

4 Нам те́сно в однокóмнатной кварти́ре.

5 Их дом в но́вом райо́не.

6 Мои́ роди́тели живу́т в при́городе.

7 Я ча́сто е́зжу к роди́телям.

8 Я ре́дко быва́ю у свое́й подру́ги.
9 Сейча́с я е́ду на да́чу к сестре́.
10 Приезжа́йте к нам в го́сти.

Б.4. Слушайте предложения и отвечайте на вопросы. В ответах используйте глаголы ИДТИ, ЕХАТЬ, ХОДИТЬ, ЕЗДИТЬ.

Образец: Он живёт в це́нтре.
— Куда́ он сейча́с е́дет?
— Он е́дет в центр.

Слушайте, выполняйте и проверяйте себя.

1 Он рабо́тает в городско́й больни́це.
— Куда́ он идёт?
— Он идёт в городску́ю больни́цу.

2 Она́ занима́ется в университе́тской библиоте́ке.
— Куда́ она́ идёт?
— Она́ идёт в университе́тскую библиоте́ку.

3 Они́ живу́т за́ городом.
— Куда́ они́ е́дут?
— Они́ е́дут за́ город.

4 Оле́г живёт на пе́рвом этаже́.
— Куда́ он идёт?
— Он идёт на пе́рвый эта́ж.

5 Они́ живу́т в ста́ром райо́не.
— Куда́ они́ е́дут?
— Они́ е́дут в ста́рый райо́н.

6 У неё до́ма сего́дня го́сти.
— Куда́ она́ идёт?
— Она́ идёт домо́й.

7 Они́ у́чатся в университе́те.
— Куда́ они́ иду́т?
— Они́ иду́т в университе́т.

8 Он рабо́тает в ста́ром го́роде.
— Куда́ он ка́ждый день е́здит?
— Ка́ждый день он е́здит в ста́рый го́род.

9 Она́ рабо́тает на большо́м заво́де.
— Куда́ она́ хо́дит ка́ждое у́тро?
— Ка́ждое у́тро она́ хо́дит на большо́й заво́д.

10 Они́ стро́ят да́чу недалеко́ от Москвы́.
— Куда́ они́ ча́сто е́здят?
— Они́ ча́сто е́здят на да́чу.

11 Они́ ка́ждое ле́то отдыха́ют на Чёрном мо́ре.
— Куда́ они́ е́здят ка́ждое ле́то?
— Ка́ждое ле́то они́ е́здят на Чёрное мо́ре.

Б.5. Слушайте предложения и отвечайте на вопросы. В ответах используйте глаголы БЫТЬ или БЫВАТЬ.

Образец: Вчера́ он е́здил в центр.
— Где он вчера́ был?
— Вчера́ он был в це́нтре.

Слушайте, выполняйте и проверяйте себя.

1   Вчера́ он е́здил на да́чу.
— Где он вчера́ был?
— Вчера́ он был на да́че.

2   Вчера́ он ходи́л на но́вый стадио́н.
— Где он вчера́ был?
— Вчера́ он был на но́вом стадио́не.

3   Вчера́ мы е́здили в но́вую гости́ницу.
— Где мы вчера́ бы́ли?
— Вчера́ мы бы́ли в но́вой гости́нице.

4   Вчера́ она́ е́здила за́ город.
— Где она́ вчера́ была́?
— Вчера́ она́ была́ за́ городом.

5   Вчера́ они́ ходи́ли в университе́тскую библиоте́ку.
— Где они́ вчера́ бы́ли?
— Вчера́ они́ бы́ли в университе́тской библиоте́ке.

6   Вчера́ ты е́здил домо́й.
— Где ты вчера́ был?
— Вчера́ я был до́ма.

7   Ты ча́сто е́здишь в ста́рый го́род.
— Где ты ча́сто быва́ешь?
— Я ча́сто быва́ю в ста́ром го́роде.

8   Ты ре́дко е́здишь в центр.
— Где ты ре́дко быва́ешь?
— Я ре́дко быва́ю в це́нтре.

9   Он ка́ждую суббо́ту хо́дит в кино́.
— Где он быва́ет ка́ждую суббо́ту?
— Ка́ждую суббо́ту он быва́ет в кино́.

10   Они́ ка́ждое воскресе́нье е́здят за́ город.
— Где они́ быва́ют ка́ждое воскресе́нье?
— Ка́ждое воскресе́нье они́ быва́ют за́ городом.

11   Она́ ка́ждый день хо́дит в наш парк.
— Где она́ быва́ет ка́ждый день?
— Ка́ждый день она́ быва́ет в на́шем па́рке.

Б.6. Отвечайте на вопросы. В ответах используйте слова, приведённые в задании.

Образец: они, дача — Куда́ вы е́дете?
— К ним на да́чу.

Слушайте, выполняйте и проверяйте себя.

1 он, го́сти
— Куда́ вы идёте?
— К нему́ в го́сти.

2 она́, конце́рт
— Куда́ вы е́дете?
— К ней на конце́рт.

3 вы, по́чта
— Куда́ он идёт?
— К вам на по́чту.

4 ты, университе́т
— Куда́ они́ е́дут?
— К тебе́ в университе́т.

5 она́, больни́ца
— Куда́ вы ча́сто хо́дите?
— К ней в больни́цу.

6 мы, гастроно́м
— Куда́ она́ ча́сто е́здит?
— К нам в гастроно́м.

7 ты, о́фис
— Куда́ вы ча́сто хо́дите?
— К тебе́ в о́фис.

8 они́, стадио́н
— Куда́ он ча́сто е́здит?
— К ним на стадио́н.

9 она́, поликли́ника
— Где вы вчера́ бы́ли?
— У неё в поликли́нике.

10 они́, теа́тр
— Где она́ вчера́ была́?
— У них в теа́тре.

11 она́, но́вая кварти́ра
— Где вы ча́сто быва́ете?
— У неё в но́вой кварти́ре.

12 он, да́ча
— Где ты ча́сто быва́ешь?
— У него́ на да́че.

Б.7. Уточните значения предложений.

Слушайте и повторяйте.

1 Парк ря́дом. В двух шага́х.
2 Она́ прие́хала из друго́го го́рода. Из Ки́ева.
3 Университе́т ря́дом. Руко́й пода́ть.
4 На́ша да́ча хоро́шая. Со все́ми удо́бствами.
5 Снима́ть кварти́ру о́чень до́рого. Мне не по карма́ну.
6 Мы купи́ли кварти́ру далеко́. Почти́ в при́городе.

Б.8. Составьте микротекст. Уточняйте значения предложений, которые вы слышите. Для уточнения используйте слова, приведённые в таблице.

Образец: ме́сяц наза́д   Мы купи́ли да́чу неда́вно.
                                — Мы купи́ли да́чу неда́вно. Ме́сяц наза́д.

Слушайте, выполняйте и проверяйте себя.

1 Мы перее́хали на но́вую кварти́ру не так давно́.
   — Мы перее́хали на но́вую кварти́ру не так давно́. Год наза́д.

2 Ле́том мы живём за́ городом.
   — Ле́том мы живём за́ городом. На да́че.

3 На да́чу мы е́здим вме́сте.
   — На да́чу мы е́здим вме́сте. Всей семьёй.

4 На да́чу мы е́дем до́лго.
   — На да́чу мы е́дем до́лго. Бо́льше ча́са.

5 Да́ча принадлежи́т мои́м роди́телям.
   — Да́ча принадлежи́т мои́м роди́телям. Па́пе и ма́ме.

6 Лес от да́чи недалеко́.
   — Лес от да́чи недалеко́. Руко́й пода́ть.

Б.9. Уточняйте значения предложений.

Слушайте и повторяйте.

1 У нас есть со́бственный дом. За́ городом.
2 До рабо́ты я е́ду бо́льше ча́са. На авто́бусе.
3 Ле́том они́ снима́ют да́чу. Небольшу́ю.
4 Они́ перее́дут на но́вую кварти́ру. Совсе́м ско́ро.
5 Мы сня́ли да́чу. Совсе́м недо́рого.
6 Мы живём в десятиэта́жном до́ме. На Тверско́й у́лице.

Б.10. Слушайте и читайте предложения. Выделяйте подчёркнутые слова в отдельную синтагму.

Образец: — Мы ча́сто хо́дим в наш лес за гриба́ми.
                    — Мы ча́сто хо́дим за гриба́ми. В наш лес.

Слушайте, выполняйте и проверяйте себя.

1 Вчера́ я е́здил <u>к своему́ дру́гу</u> за́ город.
— Вчера́ я е́здил за́ город. К своему́ дру́гу.

2 Днём мы пошли́ <u>купа́ться</u> на́ реку.
— Днём мы пошли́ на́ реку. Купа́ться.

3 С на́ми пошла́ его́ <u>ста́ршая</u> сестра́.
— С на́ми пошла́ его́ сестра́. Ста́ршая.

4 Когда́ мы пришли́ на́ реку, пошёл <u>о́чень си́льный</u> дождь.
— Когда́ мы пришли́ на́ реку, пошёл дождь. О́чень си́льный.

5 Нам пришло́сь <u>сра́зу же</u> верну́ться.
— Нам пришло́сь верну́ться. Сра́зу же.

Б.11. Вырази́те удивление с помощью выражений ДА ЧТО ТЫ! НЕУЖЕЛИ?!

Слушайте и повторяйте ответные реплики диалога.

1 — Они́ купи́ли дом.
— Да что ты! Неуже́ли?!

2 — Они́ перее́хали на но́вую кварти́ру.
— Да что ты! Неуже́ли?!

3 — Она́ не поступи́ла в университе́т. Представля́ешь?!
— Да что ты! Неуже́ли?!

Б.12. Вырази́те удивление с помощью выражений ДА ЧТО ТЫ! НЕУЖЕЛИ?!

Слушайте, выполняйте и проверяйте себя.

Образец: — Ты ра́зве не зна́ешь, он е́здил в Пари́ж.
— Да что ты! Неуже́ли?!

1 — Ты ра́зве не слы́шал, они́ пожени́лись.
— Да что ты! Неуже́ли?!

2 — Ты ра́зве не зна́ешь, она́ вы́шла за́муж.
— Да что ты! Неуже́ли?!

3 — Ты ра́зве не слы́шал, она́ умерла́.
— Да что ты! Неуже́ли?!

4 — Ты ра́зве не чита́л, в музе́е Пу́шкина но́вая вы́ставка.
— Да что ты! Неуже́ли?!

5 — Ты ра́зве не зна́ешь, они́ развели́сь. Представля́ешь?!
— Да что ты! Неуже́ли?!

6 — Ты ра́зве не ви́дел, она́ покра́сила во́лосы в зелёный цвет. Представля́ешь?!
— Да что ты! Неуже́ли?!

Б.13. Выразите оценку с помощью выражений НИЧЕГО! ТАК СЕБЕ!

Слушайте и повторяйте.

1 — У них хоро́ший дом?
— Ничего́! Та́к себе!

2 — Тебе́ понра́вился фильм?
— Ничего́! Та́к себе!

3 — Ве́село бы́ло на ве́чере?
— Ничего́! Та́к себе!

Б.14. Выразите оценку с помощью выражений НИЧЕГО! ТАК СЕБЕ!

Образец: — У них хоро́шая кварти́ра?
— Ничего́! Та́к себе!

Слушайте, выполняйте и проверяйте себя.

1 — Тебе́ нра́вится кни́га?
— Ничего́! Та́к себе!

2 — Тебе́ понра́вился спекта́кль?
— Ничего́! Та́к себе!

3 — Хоро́шая экску́рсия?
— Ничего́! Та́к себе!

4 — Интере́сный спекта́кль?
— Ничего́! Та́к себе!

5 — У неё краси́вое пла́тье?
— Ничего́! Та́к себе!

6 — Тру́дный экза́мен?
— Ничего́! Та́к себе!

Б.15. Слушайте монолог.

Меня́ зову́т Ни́на. Я прие́хала в Москву́ из друго́го го́рода. И поэ́тому мне на́до бы́ло и́ли жить в общежи́тии, и́ли снима́ть кварти́ру. Де́нег у меня́ бы́ло ма́ло. Отку́да? Студе́нтка! Да ещё пе́рвый курс! И я реши́ла пожи́ть в общежи́тии. Со мной в ко́мнате жи́ли ещё три де́вушки. Жить вме́сте бы́ло о́чень тру́дно. Ко́мната больша́я. Она́ хоть и больша́я, но жить вчетверо́м, вме́сте, о́чень тяжело́. Представля́ете? Одна́ хо́чет занима́ться, друга́я му́зыку слу́шать, а е́сли я хочу́ спать? Что де́лать? Нет, така́я жизнь не для меня́! Коне́чно, университе́т ря́дом, руко́й пода́ть. Это здо́рово! Но жить вме́сте, вчетверо́м! Нет сил!

На второ́й год я перее́хала из общежи́тия. Я сняла́ ма́ленькую кварти́ру. Однокомнатную. Ма́ленькую, но о́чень удо́бную. Коне́чно, до́рого. Но ничего́. Немно́жко роди́тели помога́ют. Кварти́ра недалеко́ от университе́та. До университе́та мне е́хать недо́лго, мину́т два́дцать. На авто́бусе. А остано́вка авто́буса совсе́м бли́зко от до́ма. В двух шага́х. Ря́дом с до́мом парк. Я ча́сто там гуля́ю. Иногда́ да́же занима́юсь. Беру́ кни́ги, что́-нибудь из еды́ и иду́ занима́ться. Вот и сейча́с я иду́ из па́рка. Снима́ю э́ту кварти́ру уже́ второ́й год. Ду́маю, что и на сле́дующий год оста́нусь здесь же.

Б.18. Слушайте диалог.

Андрей:	Ка́тя, приве́т! Что́-то давно́ тебя́ не ви́дел!
Катя:	О! Андре́й! Приве́т! А ты ра́зве не зна́ешь, мы перее́хали.
Андрей:	Да что́ ты! Неуже́ли?! Куда́?
Катя:	В Ми́тино.
Андрей:	В Ми́тино? Но ведь э́то у чёрта на рога́х!
Катя:	К сожале́нию, да, не бли́жний свет. Но что де́лать? Ведь кварти́ру пришло́сь покупа́ть сами́м.
Андрей:	Сами́м?! Но ведь э́то же о́чень до́рого!
Катя:	А что де́лать? Пришло́сь купи́ть. Жить вме́сте с роди́телями уже́ нет сил. Пять челове́к в ма́ленькой двухко́мнатной кварти́ре!
Андрей:	Пять? А почему́ пять?
Катя:	Ты ра́зве не зна́ешь? У меня́ сы́ну уже́ три го́да.
Андрей:	Да что ты! Неуже́ли?! У тебя́ сын? А я и не знал! Поздравля́ю! Тогда́, коне́чно, в одно́й кварти́ре вам бы́ло о́чень те́сно.
Катя:	Сейча́с ма́ма и па́па оста́лись здесь, в це́нтре, а мы перее́хали.
Андрей:	Кварти́ра хоро́шая?
Катя:	Ничего́, та́к себе! Двухко́мнатная, но о́чень ма́ленькая. Больша́я кварти́ра нам не по карма́ну, уж о́чень до́рого. Кварти́ра на пя́том этаже́. Нам с му́жем о́чень нра́вится ме́сто, где стои́т наш дом. Ря́дом лес. Совсе́м бли́зко. В двух шага́х. Пра́вда, мне далеко́ до рабо́ты. Я е́ду бо́льше ча́са. На авто́бусе, пото́м на метро́.
Андрей:	Ты ча́сто быва́ешь у роди́телей?
Катя:	Да, я е́зжу к ним ча́сто. Бу́дет вре́мя, приезжа́й к нам в Ми́тино в го́сти. Познако́млю тебя́ со свои́м сы́ном.
Андрей:	С удово́льствием.

Б.20. Слушайте вопросы. Отмечайте правильные ответы.

1 Куда́ Ка́тя перее́хала?
2 Ско́лько вре́мени Ка́тя е́дет до рабо́ты?
3 Как Ка́тя е́дет на рабо́ту?
4 Почему́ Ка́тя и её муж реши́ли купи́ть кварти́ру?
5 Когда́ у Ка́ти роди́лся сын?
6 Где живу́т роди́тели Ка́ти?
7 Ско́лько вре́мени Андре́й не ви́дел Ка́тю?
8 Куда́ пригласи́ла Ка́тя Андре́я?

В ДОМЕ

Б.1. Слушайте микротексты, вписывайте пропущенные слова.

1   1 В на́шей кварти́ре три ко́мнаты: гости́ная, спа́льня мои́х роди́телей и моя́ ко́мната.

    2 Когда́ вы вхо́дите в кварти́ру, вы попада́ете в небольшо́й холл.

    3 В хо́лле три две́ри. Одна́ ведёт в гости́ную, друга́я — в ку́хню.

    4 Тре́тья дверь — э́то дверь в ва́нную.

    5 В гости́ной у нас о́чень ую́тно.

6 В ней всегда светло, потому что окна гостиной выходят на юг.

7 Из окна гостиной открывается чудесный вид на город.

8 Мы любим, когда в комнатах много света, поэтому кроме люстры по вечерам мы зажигаем ещё и торшер.

9 Посредине комнаты стоит обеденный стол.

10 Около окна стоит старинный буфет.

11 Слева от него — большой диван.

12 В углу — журнальный столик, на котором стоит телевизор.

13 По вечерам вся семья собирается в гостиной.

14 Моя мама прекрасная хозяйка.

15 Вот и сейчас она что-то готовит на кухне. И мы с отцом с нетерпением ждём ужина.

2   1 Летом мы сделали в квартире ремонт.

2 После ремонта в нашей квартире многое изменилось.

3 Ну, например, мы сделали встроенные шкафы.

4 Это очень удобно. Сейчас в квартире стало намного больше места.

5 Мы сделали ремонт на кухне.

6 Заменили газовую плиту на электрическую.

7 В спальню мама купила новые занавески, и папа повесил новую люстру.

8 В ванной мы заменили душ.

9 Теперь нашу квартиру не узнать. Приходите в гости. Будем рады.

Б.2. Слушайте микротексты. Вписывайте пропущенные глаголы ПОСТРОИТЬ, ПЕРЕСТРОИТЬ, ВСТРОИТЬ, ПРИСТРОИТЬ.

1 Мои родители в этом году закончили строить дачу. Они построили дачу недалеко от Москвы.

2 Второй этаж моего дома мне очень не нравится. На втором этаже две неудобные комнаты. Я решил сделать одну, но большую. Перестраивать второй этаж я буду летом.

3 Мне очень нравятся встроенные шкафы. И я обязательно встрою один такой шкаф в спальне.

4 Наша дача очень маленькая, и я решил к дому пристроить ещё одну комнату.

Б.3. Слушайте микротексты. Прослушав один микротекст, напишите глагол СТРОИТЬ с приставкой, который можно употребить в этом микротексте. Затем слушайте следующий микротекст и т. д.

первый микротекст

Мой друг живёт со своими родителями. У них небольшой дом. В этом году друг женился. Ему нужен новый дом. И он хочет сделать его сам.

второй микротекст

У моих родителей очень маленький дом на даче. Всего две комнаты. Нам с детьми в нём тесно, очень мало места. В прошлом году я сделал в доме ещё одну комнату, рядом со старой. Теперь у нас три хороших комнаты.

третий микротекст

Наш дом очень неудобный: коридор, комната, потом опять коридор. Очень много коридоров. Когда будут деньги, я всё изменю в доме. Сделаю хорошие большие комнаты и мало коридоров.

224

четвёртый микротекст

Моя́ подру́га отдала́ мне свой шкаф. Когда́ я у неё спроси́ла, почему́ она́ отдаёт мне свой шкаф, она́ отве́тила, что у неё тепе́рь встро́енные стенны́е шкафы́.

Б.4. Слушайте микротекст. Вписывайте пропущенные слова.

1 В мое́й ко́мнате спра́ва от окна́ стои́т дива́н.
2 О́коло дива́на — журна́льный сто́лик.
3 Здесь лежа́т журна́лы и газе́ты.
4 У окна́ стои́т мой пи́сьменный стол.
5 Ря́дом с ним стоя́т кни́жные по́лки.
6 Сюда́ я кладу́ свои́ уче́бники.
7 Посреди́не ко́мнаты лежи́т ковёр.
8 А на ковре́, напро́тив телеви́зора, как всегда́, лежи́т моя́ соба́ка.
9 Вечера́ми она́ прихо́дит сюда́, ложи́тся у мои́х ног, и мы вме́сте смо́трим телеви́зор.

Б.5. Слушайте микротекст. Заменяйте наречия антонимичными наречиями. Пишите их.

Образец: Я ча́сто е́зжу <u>сюда́</u>. — Я ча́сто е́зжу <u>туда́</u>.

1 Э́то мой дом. Здесь я живу́.
2 Сюда́ мы перее́хали неда́вно. Ме́сто чуде́сное!
3 Е́сли вы хоти́те немно́го погуля́ть, иди́те нале́во.
4 Сле́ва от до́ма, в двух шага́х, замеча́тельный парк.
5 Но я вам сове́тую идти́ напра́во.
6 Спра́ва, совсе́м ря́дом, небольшо́е о́зеро.
7 Позади́ до́ма небольшо́й сад.
8 Я люблю́ ходи́ть туда́ по вечера́м.
9 Быва́ть там для меня́ большо́е удово́льствие.
10 Все цветы́, кото́рые там расту́т, посади́ли мы са́ми.

Б.6. Слушайте микротекст. Пишите пропущенные глаголы.

1 Вчера́ я купи́л карти́ну. Я реши́л пове́сить её на сте́ну над комо́дом.
2 Я принёс ле́стницу и поста́вил её к стене́.
3 Я встал на ле́стницу, вбил гвоздь и пове́сил карти́ну.
4 Когда́ я стоя́л на ле́стнице и ве́шал карти́ну, пришёл мой брат.
5 Я пове́сил карти́ну, и мы се́ли за стол обе́дать.
6 Мы сиде́ли и обе́дали, когда́ пришёл мой оте́ц.
7 Оте́ц сказа́л, что карти́на виси́т о́чень высоко́.
8 Я опя́ть взял ле́стницу и переве́сил карти́ну. Тепе́рь карти́на висе́ла хорошо́.
9 Когда́ вся семья́ ве́чером сиде́ла у телеви́зора и смотре́ла фильм, карти́на с гро́хотом упа́ла.
10 Я поста́вил карти́ну на комо́д.
11 Но на комо́де она́ стоя́ла пло́хо: её там совсе́м не́ было ви́дно.
12 Тогда́ я положи́л карти́ну в шкаф.
13 Тепе́рь карти́на лежи́т в шкафу́.
14 Когда́ я кладу́ и́ли ве́шаю ве́щи в шкаф, я иногда́ смотрю́ на карти́ну и ду́маю: «Каку́ю хоро́шую карти́ну я купи́л!»

Б.7. Слушайте предложения. Прослушав каждое предложение, в паузу поинтересуйтесь, кто поставил, положил или повесил вещь, о которой говорится в предложении.

Образец: Ва́за стои́т на столе́.
          — Кто поста́вил ва́зу на стол?

Слушайте, выполняйте и проверяйте себя.

1 Кни́га лежи́т на столе́.
   — Кто положи́л кни́гу на стол?

2 Пла́тье виси́т на сту́ле.
   — Кто пове́сил пла́тье на стул?

3 Су́мка лежи́т на дива́не.
   — Кто положи́л су́мку на дива́н?

4 Магнитофо́н стои́т на телеви́зоре.
   — Кто поста́вил магнитофо́н на телеви́зор?

5 Карти́на виси́т на стене́.
   — Кто пове́сил карти́ну на сте́ну?

Б.8. Слушайте предложения. Вам не нравится, что какая-то вещь в комнате стоит, лежит или висит не на месте. Попросите переставить, переложить или перевесить эту вещь. При ответе используйте слова, приведённые в задании.

Образец: шкаф   Кни́ги лежа́т на столе́.
          — Положи́ кни́ги в шкаф.

Слушайте, выполняйте и проверяйте себя.

1 пи́сьменный стол

   Ла́мпа стои́т на телеви́зоре.
   — Поста́вь ла́мпу на пи́сьменный стол.

2 кни́жная по́лка

   Кни́ги лежа́т на полу́.
   — Положи́ кни́ги на кни́жную по́лку.

3 буфе́т

   Ча́шка стои́т на журна́льном сто́лике.
   — Поста́вь ча́шку в буфе́т.

4 шкаф

   Пиджа́к виси́т на сту́ле.
   — Пове́сь пиджа́к в шкаф.

5 у́гол

   Стул стои́т посреди́не ко́мнаты.
   — Поста́вь стул в у́гол.

Б.9. Вырази́те оце́нку.

Слу́шайте и повторя́йте.

1 Кака́я у них кварти́ра!
Кака́я у них хоро́шая кварти́ра!
Кака́я у них ужа́сная кварти́ра!

2 Кака́я у них ме́бель!
Кака́я у них замеча́тельная ме́бель!
Кака́я у них отврати́тельная ме́бель!

3 Како́й у них вид из окна́!
Како́й у них прекра́сный вид из окна́!
Како́й у них ужа́сный вид из окна́!

4 Како́й он чуде́сный челове́к!
5 Како́й он ску́чный челове́к!

Б.10. Вырази́те оце́нку. Употребля́йте предложе́ния с местоиме́нным сло́вом КАКО́Й.

Образе́ц: Вам нра́вятся у неё кни́жные по́лки.
— Каки́е у неё кни́жные по́лки!

Слу́шайте, выполня́йте и проверя́йте себя́.

1 Вам нра́вится у них но́вый дом.
— Како́й у них но́вый дом!

2 Вам нра́вятся у них стенны́е шкафы́.
— Каки́е у них стенны́е шкафы́!

3 Вам нра́вится у них стира́льная маши́на.
— Кака́я у них стира́льная маши́на!

4 Вам не нра́вятся у них карти́ны.
— Каки́е у них карти́ны!

5 Вам не нра́вится у него́ гара́ж.
— Како́й у него́ гара́ж!

6 Вам не нра́вится у них лю́стра.
— Кака́я у них лю́стра!

Б.11. Вырази́те оце́нку. Употребля́йте предложе́ния с местоиме́нным сло́вом КАКО́Й и оце́ночными слова́ми ЧУДЕ́СНЫЙ или УЖА́СНЫЙ.

Образе́ц: Вам нра́вится у них дом.
— Како́й у них чуде́сный дом!

Слу́шайте, выполня́йте и проверя́йте себя́.

1 Вам нра́вится у них буфе́т.
— Како́й у них чуде́сный буфе́т!

2 Вам нра́вятся у неё занаве́ски.
   — Каки́е у неё чуде́сные занаве́ски!

3 Вам нра́вится у них вид из окна́.
   — Како́й у них чуде́сный вид из окна́!

4 Вам не нра́вится у него́ маши́на.
   — Кака́я у него́ ужа́сная маши́на!

5 Вам не нра́вится у них лю́стра.
   — Кака́я у них ужа́сная лю́стра!

Б.12. Выразите оценку.

Слушайте и повторяйте ответные реплики диалогов.

1 — Мы купи́ли но́вую маши́ну.
   — Здо́рово!
   Как здо́рово! Как э́то здо́рово!
   Вот здо́рово! Вот э́то здо́рово!

2 — У нас сгоре́л дом!
   — Ужа́сно!
   Как ужа́сно! Как э́то ужа́сно!

Б.13. Выразите оценку. Сейчас вы услышите пять микротекстов. После каждого микротекста выражайте свою оценку с помощью конструкций КАК ЭТО ЗДОРОВО! или КАК ЭТО УЖАСНО!

   Образец: — Ты слы́шал но́вость? Я ле́том е́ду в Нью-Йо́рк!
                — Как э́то здо́рово!

Слушайте, выполняйте и проверяйте себя.

1 — Ты зна́ешь но́вость? Я ле́том е́ду в Пари́ж!
   — Как э́то здо́рово!

2 — Ты ви́дел На́стю? Она́ вы́играла маши́ну!
   — Как э́то здо́рово!

3 — Ты слы́шал но́вость? Андре́й стал дире́ктором фи́рмы!
   — Как э́то здо́рово!

4 — Ты слы́шал? У Ко́ли у́мер оте́ц.
   — Как э́то ужа́сно!

5 — Ты слы́шал но́вость? Петра́ вы́гнали из университе́та!
   — Как э́то ужа́сно!

Б.14. Выразите оценку с оттенком удивления.

Слушайте и повторяйте ответные реплики диалогов.

1 — Они́ купи́ли котте́дж в при́городе Москвы́.
   — Здо́рово! Вот э́то да-а-а!

2 — Она́ вы́шла за́муж. Муж ста́рше её на два́дцать лет.
   — Ужа́сно! Вот э́то да-а-а!

3 — Они́ вы́играли 10 ты́сяч до́лларов!
   — Здо́рово! Вот э́то да-а-а!

Б.15. Вырази́те оце́нку с отте́нком удивле́ния, употребля́я констру́кции ЗДОРОВО! ВОТ ЭТО ДА-А-А! или УЖАСНО! ВОТ ЭТО ДА-А-А!

Образец: — Представля́ешь? Она́ потеря́ла су́мку с деньга́ми!
          — Ужа́сно! Вот э́то да-а-а!

Слу́шайте, выполня́йте и проверя́йте себя́.

1 — Ты слы́шал, за́втра бу́дет ми́нус 40 гра́дусов!
   — Ужа́сно! Вот э́то да-а-а!

2 — Представля́ешь, у них сгоре́л дом!
   — Ужа́сно! Вот э́то да-а-а!

3 — Сла́ва Бо́гу, она́ поступи́ла в университе́т!
   — Здо́рово! Вот э́то да-а-а!

4 — Представля́ешь, ей пришло́сь прода́ть дом. Так жаль!
   — Ужа́сно! Вот э́то да-а-а!

5 — Представля́ешь, у нас за́втра не бу́дет заня́тий!
   — Здо́рово! Вот э́то да-а-а!

Б.16. Вырази́те удивле́ние-возраже́ние.

Слу́шайте и повторя́йте отве́тные ре́плики диало́гов.

1 — У вас в кварти́ре совсе́м нет шкафо́в.
   — Ну что́ ты! Как же не́т! Есть.

2 — Он приезжа́ет, а она́ не идёт его́ встреча́ть.
   — Ну что́ ты! Как же не идёт! Идёт.

3 — Они́ так и не купи́ли но́вую кварти́ру.
   — Ну что́ ты! Как же не купи́ли! Купи́ли.

Б.17. Выража́йте удивле́ние-возраже́ние. Сейча́с вы услы́шите пять предложе́ний. По́сле ка́ждого предложе́ния выража́йте удивле́ние-возраже́ние с по́мощью констру́кций НУ ЧТО ТЫ! КАК ЖЕ НЕ...

Образец: — Я слы́шал, ты не сдала́ экза́мен.
          — Ну что́ ты! Как же не сдала́! Сдала́.

Слу́шайте, выполня́йте и проверя́йте себя́.

1 — Сего́дня идёт дождь. А он не взял зонт.
   — Ну что́ ты! Как же не взял! Взял.

229

2 — Я слы́шал, он не поступи́л в университе́т.
— Ну что́ ты! Как же не поступи́л! Поступи́л.

3 — Я слы́шал, она́ так и не вы́шла за́муж.
— Ну что́ ты! Как же не вы́шла! Вы́шла.

4 — Я слы́шал, они́ так и не купи́ли да́чу.
— Ну что́ ты! Как же не купи́ли! Купи́ли.

5 — Я слы́шал, мы два дня не у́чимся.
— Ну что́ ты! Как же не у́чимся! У́чимся.

Б.18. Слушайте монолог.
Молодой человек рассказывает о своей квартире.

Приве́т! Меня́ зову́т Ви́ктор. Вы хоти́те, чтобы я рассказа́л о свое́й но́вой кварти́ре? С удово́льствием!

У меня́ небольша́я однокомнатная кварти́ра в десятиэта́жном до́ме. В мое́й кварти́ре одна́ ко́мната, ку́хня, коридо́р и ва́нная с туале́том. В кварти́ру я перее́хал не так давно́, в про́шлом году́. Кварти́ра мне о́чень нра́вится.

Когда́ вхо́дишь в кварти́ру, то попада́ешь в коридо́р. Коридо́р ма́ленький. В нём три две́ри. Одна́ дверь ведёт в ко́мнату. Когда́ вхо́дишь в коридо́р, э́та дверь пря́мо пе́ред ва́ми. Спра́ва — дверь в ва́нную, сле́ва — дверь в ку́хню.

В ко́мнате у меня́ балко́н и одно́ окно́. Балко́н выхо́дит на восто́к. С балко́на открыва́ется прекра́сный вид на Москву́. Окно́ в ко́мнате выхо́дит на юг.

Ку́хня у меня́ больша́я и о́чень удо́бная. В ку́хне одно́ окно́. Оно́ выхо́дит, так же как и балко́н, на восто́к.

Как ви́дите, у меня́ о́чень со́лнечная кварти́ра.

Б.20. Слушайте монолог.
Студентка рассказывает о своей квартире.

Меня́ зову́т На́дя. Я студе́нтка второ́го ку́рса. Учу́сь на филологи́ческом факульте́те. В э́том году́ я сняла́ кварти́ру. Кварти́ра небольша́я, однокомнатная, но со все́ми удо́бствами: газ, горя́чая вода́. Да́же телефо́н есть.

Спра́ва от окна́ стои́т дива́н. Над дива́ном виси́т фотогра́фия мое́й семьи́. На ней ма́ма, па́па и две мои́ сестры́. Сле́ва от окна́ стои́т пи́сьменный стол.

Напро́тив окна́ вися́т кни́жные по́лки. У меня́ мно́го книг. И, наве́рное, мне ещё на́до купи́ть кни́жные по́лки, потому́ что кни́ги уже́ не́куда ста́вить. Сле́ва от кни́жных по́лок, в углу́, стои́т телеви́зор. О́коло телеви́зора стои́т журна́льный сто́лик и два кре́сла.

Сле́ва от две́ри стои́т шкаф. Там вися́т мои́ ве́щи. Шкаф не о́чень большо́й, но удо́бный.

У меня́ нет большо́го обе́денного стола́. В ко́мнате для него́ совсе́м нет ме́ста. Коне́чно, когда́ прихо́дят го́сти, без обе́денного стола́ тру́дно. Но го́сти прихо́дят ко мне ре́дко.

Я люблю́ по вечера́м сиде́ть в кре́сле, пить чай, смотре́ть телеви́зор и́ли слу́шать му́зыку.

Б.22. Прослушайте рассказ студентки третий раз. Затем слушайте вопросы и отмечайте правильные ответы.

1 Где живёт На́дя?
2 Каки́е удо́бства есть в кварти́ре На́ди?

3 Кого́ мо́жно уви́деть на фотогра́фии, кото́рая виси́т в На́диной ко́мнате?

4 Почему́ На́дя хо́чет купи́ть но́вые кни́жные по́лки?

5 Почему́ в ко́мнате На́ди нет обе́денного стола́?

Б.23. Слу́шайте диало́ги.

Оле́г и его́ жена́ Ната́ша пригласи́ли свои́х ста́рых друзе́й А́ню и Серге́я в го́сти. Оле́г и Ната́ша пока́зывают друзья́м свой дом. Го́сти побыва́ли в 6 ко́мнатах. На рису́нке изображено́ 9 ко́мнат. Сейча́с Вы услы́шите 6 диало́гов. В каки́х же ко́мнатах побыва́ли А́ня и Серге́й?

первый диалог

Оле́г: О! Здра́вствуйте! Проходи́те, пожа́луйста! О́чень ра́ды вас ви́деть!

Ната́ша: Как хорошо́, что вы нашли́ вре́мя и прие́хали! Раздева́йтесь, пожа́луйста! Проходи́те пря́мо в ко́мнату.

А́ня: Здра́вствуйте, здра́вствуйте! Как прия́тно вас ви́деть! О, да я смотрю́, мно́гое измени́лось у вас в до́ме.

Серге́й: Вы сде́лали ремо́нт?

Оле́г: Да, э́тим ле́том мы немно́го перестро́или дом и сде́лали ремо́нт.

Серге́й: Сде́лали ремо́нт?! Перестро́или дом?! Как интере́сно! В сле́дующем году́ мы то́же хоти́м сде́лать ремо́нт. Вы пока́жете свой дом?

Ната́ша: Коне́чно! С удово́льствием!

А́ня: Я смотрю́, вы не то́лько сде́лали ремо́нт, но и купи́ли но́вую ме́бель?

Оле́г: Да, но не во все ко́мнаты.

А́ня: О, Серёжа, посмотри́, како́й интере́сный буфе́т о́коло окна́! И так хорошо́ вы его́ туда́ поста́вили! Буфе́т стари́нный?

Ната́ша: Да нет. Нет, нет, коне́чно. Э́то совреме́нный буфе́т. Про́сто он вы́глядит как стари́нный. Мы его́ купи́ли в про́шлом ме́сяце.

А́ня: А лю́стра? Лю́стра, по-мо́ему, то́же но́вая?

Оле́г: Лю́стра? Да. Вам нра́вится? Сейча́с обы́чно в кварти́рах не ве́шают лю́стры. А нам нра́вится, когда́ в кварти́ре мно́го све́та, поэ́тому мы реши́ли пове́сить лю́стру.

Серге́й: Како́е интере́сное окно́!

Оле́г: Да, э́то моя́ го́рдость. Я сам его́ сде́лал. Пра́вда, необы́чное?

Серге́й: О́чень. На́до бы и мне тако́е сде́лать.

второй диалог

А́ня: О, кака́я чуде́сная карти́на!

Ната́ша: Да, нам подари́л её наш знако́мый худо́жник.

Серге́й: Она́ так хорошо́ виси́т здесь, над дива́ном. А э́та ле́стница. Её ведь, по-мо́ему, здесь ра́ньше не́ было?

Оле́г: Пра́вда, пра́вда. У тебя́, Серге́й, прекра́сная па́мять.

Серге́й: А куда́ ведёт э́та ле́стница?

Ната́ша: На второ́й эта́ж.

А́ня: Ната́ша, но, по-мо́ему, ра́ньше в э́той ко́мнате была́ ку́хня?

Оле́г: Да. Ку́хня у нас тепе́рь в подва́ле. Я ду́маю, что э́то о́чень удо́бно. Серёжа! Посмотри́, како́й чуде́сный вид открыва́ется из окна́!

Аня: Река́, дере́вья! И домо́в почти́ не ви́дно. Как бу́дто за́ городом! Да́же тру́дно предста́-
вить, что мы почти́ в це́нтре го́рода.

Сергей: Да, ваш дом о́чень хорошо́ стои́т. И до це́нтра недалеко́, и гуля́ть есть где.

третий диалог

Аня: Кака́я ую́тная ко́мната! А чья э́то фотогра́фия виси́т над комо́дом?

Наташа: Не узнаёшь? Э́то На́дя.

Аня: Ва́ша дочь?! Така́я уже́ взро́слая!

Олег: Да, уже́ совсе́м взро́слая. То́лько вот ви́дим мы её ре́дко. Приезжа́ет лишь на кани́кулы.
Она́ уже́ на второ́м ку́рсе университе́та.

Сергей: Вам не меша́ет, что окно́ пря́мо над крова́тью?

Наташа: Да нет. Вот то́лько на́до купи́ть занаве́ски. Ника́к не могу́ найти́ занаве́ски, каки́е
мне хо́чется.

четвёртый диалог

Сергей: Я смотрю́, у вас электри́ческая плита́. Э́то удо́бно?

Наташа: Да, мы замени́ли ста́рую плиту́, га́зовую, на электри́ческую. Э́та плита́ о́чень хоро́шая.
А каки́е пироги́ получа́ются!

Аня: Не сомнева́юсь! Ты всегда́ была́ хоро́шей хозя́йкой!

Сергей: А холоди́льник у вас всё ещё ста́рый?

Олег: Да, но он ещё вполне́ хоро́ший.

пятый диалог

Сергей: Вот э́то да-а-а! Вы купи́ли ма́льчикам но́вую крова́ть.

Олег: Да, вот реши́ли поста́вить таку́ю крова́ть. Крова́ть в два этажа́. Вы зна́ете, о́чень
удо́бно. В ко́мнате ста́ло намно́го бо́льше ме́ста.

Аня: Кто же из них увлека́ется совреме́нной му́зыкой?

Наташа: Вы о фотогра́фии над крова́тью? Ста́рший, коне́чно. Пове́сил над собо́й каку́ю-то
певи́цу и дово́лен. Пове́сил фотогра́фию ещё в про́шлом ме́сяце. Принёс из шко́лы.

Аня: А мла́дший?

Наташа: Мла́дший?! Да он ещё ма́ленький! Вон, ви́дите, игру́шки на полу́. Всегда́ на полу́
о́коло свое́й крова́ти ста́вит и́ли кладёт игру́шки.

Сергей: А я что́-то не ви́жу шка́фа.

Олег: Ну что́ вы! Как же без шка́фа! В ко́мнате встро́енные шкафы́. Смотри́те! Ви́дите?
Открыва́ю, закрыва́ю. А вы ду́мали, э́то стена́?

Сергей: Здорово!

шестой диалог

Сергей: О! Како́й интере́сный душ! …Но, по-мо́ему, э́той ко́мнаты здесь ра́ньше не́ было.

Олег: Да, когда́ мы перестра́ивали дом, мы специа́льно пристро́или на пе́рвом этаже́
ко́мнату для ду́ша. Тепе́рь у ма́льчиков есть свой душ.

Аня: Оле́г, вы с Ната́шей то́же по́льзуетесь э́тим ду́шем?

Олег: Нет, нет. У нас из спа́льни дверь в ва́нную. А там есть и ва́нна, и душ.

Сергей: Ра́ньше, по-мо́ему, у вас был то́лько душ?

Наташа: Да. Э́то ра́ньше. Тепе́рь мы поста́вили там ещё и ва́нну. О́чень удо́бно. У ма́льчиков
свой душ, у нас — свой.

В ГОРОДЕ

Б.1. Слушайте микротексты, вписывайте пропущенные слова.

1 1 В моём го́роде есть почти́ все ви́ды тра́нспорта: метро́, авто́бус, тролле́йбус, нет то́лько трамва́ев.

    2 В це́нтре го́рода всегда́ большо́е движе́ние.

    3 Осо́бенно мно́го маши́н в час пик. Я е́зжу в центр ка́ждый день, потому́ что я рабо́таю в це́нтре.

    4 Обы́чно я добира́юсь до рабо́ты на метро́.

    5 Ста́нция метро́ недалеко́ от моего́ до́ма.

    6 Иногда́ я е́ду на авто́бусе.

    7 Остано́вка авто́буса то́же ря́дом, че́рез кварта́л от моего́ до́ма.

    8 Когда́ я опа́здываю, я беру́ такси́.

    9 Обы́чно я не иду́ на стоя́нку такси́, а ловлю́ маши́ну о́коло до́ма.

2 1 Вчера́ у меня́ был стра́нный день. Ве́чером я, наконе́ц-то, собра́лся в кино́. Снача́ла я задержа́лся до́ма, потому́ что ко мне пришёл сосе́д попроси́ть газе́ту.

    2 Пото́м я сел не на тот авто́бус.

    3 Мне на́до бы́ло попа́сть в центр, а авто́бус шёл в другу́ю сто́рону.

    4 Когда́ я по́нял, что я е́ду не в ту сто́рону, я вы́шел из авто́буса и пересе́л на друго́й авто́бус.

    5 В авто́бусе я уви́дел моего́ ста́рого дру́га. Мы так заговори́лись, что я прое́хал свою́ остано́вку.

    6 И мне пришло́сь одну́ остано́вку идти́ пешко́м.

    7 Когда́ я подошёл к кинотеа́тру, у вхо́да в кинотеа́тр уже́ никого́ не́ было.

Б.2. Прослушайте микротексты. Напишите связные словосочетания, которые можно употребить в этих микротекстах.

1 Вчера́ на у́лице я встре́тила свою́ шко́льную подру́гу. Её сы́ну уже́ пять лет. На́до же! Уже́ пять лет. А ка́жется, что мы око́нчили шко́лу то́лько вчера́.

2 Не люблю́ е́здить в авто́бусе. Осо́бенно в час пик. Сто́лько наро́ду! Не войти́, не вы́йти!

3 Я ре́дко е́зжу в городско́м тра́нспорте. Стара́ ста́ла. В авто́бусе всегда́ мно́го люде́й. Е́дешь обы́чно сто́я. А стоя́ть мне тру́дно. Молодёжь сиди́т, никогда́ ме́ста не усту́пит. Ра́ньше тако́го не́ было. Всегда́ молоды́е лю́ди ме́сто уступа́ли.

Б.3. Слушайте микротекст. Вписывайте пропущенные предлоги.

1 Вчера́ мне на́до бы́ло купи́ть ры́бу. По́сле рабо́ты я пошла́ из университе́та в ры́бный магази́н. К сожале́нию, э́тот магази́н нахо́дится далеко́ от университе́та, и шла я, наве́рное, полчаса́. Как я шла? Сейча́с вспо́мню.

2 Я вы́шла из университе́та. Поверну́ла нале́во. Прошла́ зда́ние университе́та. Перешла́ Лесну́ю у́лицу.

3 Прошла́ по Университе́тскому проспе́кту два кварта́ла.

4 Когда́ я вы́шла на у́лицу Го́голя, я перешла́ её.

5 И пошла́ по э́той у́лице. Я прошла́ магази́ны «Проду́кты», «Оде́жда».

6 Пото́м я вы́шла на проспе́кт Толсто́го и перешла́ э́тот проспе́кт.

7 Прошла́ ми́мо магази́на «Овощи». Около ры́нка я перешла́ у́лицу Го́голя.

8 Я прошла́ вдоль апте́ки и обошла́ её.

9 Вход в магази́н «Ры́ба» со двора́.

10 Я вошла́ во двор и уви́дела вход в магази́н.

Б.4. Слушайте микротекст. Вписывайте пропущенные глаголы.

1 — Извини́те. Скажи́те, пожа́луйста, как мне попа́сть в банк?

2 — Как вам попа́сть в банк? О, э́то о́чень про́сто.
Отку́да вы пойдёте? Из университе́та?

3 — Да, я пойду́ из университе́та.

4 — Так. Когда́ вы вы́йдете из университе́та, поверни́те нале́во.

5 Пройди́те университе́т.

6 Вы́йдите на Лесну́ю у́лицу.

7 Перейди́те Университе́тский проспе́кт.

8 Да́льше иди́те по Лесно́й у́лице всё вре́мя пря́мо.

9 Пройди́те вдоль скве́ра и ми́мо шко́лы.

10 Перейди́те проспе́кт Толсто́го.

11 Зате́м пройди́те вдоль зда́ния ба́нка и жило́го до́ма.

12 К сожале́нию, вход в банк не с Лесно́й у́лицы, а с Наго́рной у́лицы. Дойди́те до Наго́рной у́лицы.

13 Когда́ дойдёте до Наго́рной у́лицы, поверни́те напра́во.

14 Обойди́те жило́й дом. Вход в банк со двора́.

Б.5. Слушайте микротекст. Вписывайте пропущенные слова и выражения.

1 — Извини́те, вы не ска́жете, как мне пройти́ в шко́лу?

2 — Как вам пройти́ в шко́лу? Та-а-ак, на́до поду́мать. Отку́да вы пойдёте? Из университе́та?

3 — Нет, я пойду́ из общежи́тия.

4 — Из общежи́тия. Когда́ вы́йдете из общежи́тия, вам на́до поверну́ть нале́во.

5 Вы́йти на Университе́тский проспе́кт.

6 Зате́м вам на́до перейти́ Университе́тский проспе́кт.

7 Пото́м вы мо́жете пойти́ по у́лице Го́голя.

8 Но я вам сове́тую перейти́ пло́щадь Пу́шкина. Так быстре́е.

9 Вы́йти на проспе́кт Толсто́го, к по́чте.

10 Зате́м вам на́до пройти́ вдоль по́чты, ми́мо теа́тра.

11 Пото́м вам на́до перейти́ Лесну́ю у́лицу.

12 А да́льше вам на́до пройти́ немно́го вдоль зда́ния шко́лы.

13 В шко́лу есть два вхо́да. Один вход с проспе́кта Толсто́го. Вы его́ сра́зу же уви́дите.

Б.6. Рассказывайте, как добраться до рынка.
Слушайте предложения. Заменяйте императив конструкцией *КОМУ? НАДО ЧТО ДЕЛАТЬ?*

Образец: Перейди́те Ломоно́совский проспе́кт. →
Вам на́до перейти́ Ломоно́совский проспе́кт.

Слушайте, выполняйте и проверяйте себя.

— Вы не ска́жете, как пройти́ из университе́та на ры́нок?
— Коне́чно, скажу́.

1 Вы́йдите из университе́та. →

Вам на́до вы́йти из университе́та.

2 Поверни́те нале́во. →

Вам на́до поверну́ть нале́во.

3 Перейди́те Лесну́ю у́лицу. →

Вам на́до перейти́ Лесну́ю у́лицу.

4 Пройди́те вдоль столо́вой. →

Вам на́до пройти́ вдоль столо́вой.

5 Перейди́те Университе́тский проспе́кт. →

Вам на́до перейти́ Университе́тский проспе́кт.

6 Пройди́те музе́й и по́чту. →

Вам на́до пройти́ музе́й и по́чту.

7 Перейди́те проспе́кт Толсто́го и у́лицу Некра́сова. →

Вам на́до перейти́ проспе́кт Толсто́го и у́лицу Некра́сова.

8 Иди́те вдоль магази́на «Ры́ба» и апте́ки. →

Вам на́до идти́ вдоль магази́на «Ры́ба» и апте́ки.

9 На у́лице Го́голя поверни́те за́ угол. →

На у́лице Го́голя вам на́до поверну́ть за́ угол.

10 Пройди́те оди́н кварта́л. →

Вам на́до пройти́ оди́н кварта́л.

11 Перейди́те у́лицу Го́голя. →

Вам на́до перейти́ у́лицу Го́голя.

Так вы вы́йдете к ры́нку.

Б.7. Расска́зывайте, как пройти́ к по́чте.

Слу́шайте предложе́ния. Заменя́йте констру́кцию *КОМУ? НАДО ЧТО ДЕЛАТЬ?* импера́тивом.

Образец: Вам на́до перейти́ Ломоно́совский проспе́кт. →

Перейди́те Ломоно́совский проспе́кт.

Слу́шайте, выполня́йте и проверя́йте себя́.

— Скажи́те, пожа́луйста, как добра́ться до по́чты?

— Отку́да вы пойдёте?

— Из бассе́йна.

1 Когда́ вы вы́йдете из бассе́йна, вам на́до поверну́ть нале́во. →

Когда́ вы вы́йдете из бассе́йна, поверни́те нале́во.

2 Вам на́до дойти́ до зда́ния шко́лы. →

Дойди́те до зда́ния шко́лы.

3 Вам на́до обойти́ шко́лу. →

Обойди́те шко́лу.

4 Вам на́до вы́йти на проспе́кт Толсто́го. →

Вы́йдите на проспе́кт Толсто́го.

5 Вам на́до пройти́ вдоль шко́лы. →

Пройди́те вдоль шко́лы.

6 Вам на́до перейти́ Лесну́ю у́лицу. →

Перейди́те Лесну́ю у́лицу.

7 Вам на́до пройти́ оди́н кварта́л. →

Пройди́те оди́н кварта́л.

8 Вам на́до поверну́ть за́ угол. →

Поверни́те за́ угол.

И так вы ока́жетесь у вхо́да на по́чту.

Б.8. Рассказывайте, что вы делаете каждый день.
Слушайте предложения. Заменяйте глаголы совершенного вида глаголами несовершенного вида.

Образец: Вчера́ я вы́шла из до́ма о́чень ра́но. →
Ка́ждый день я выхожу́ из до́ма о́чень ра́но.

Слушайте, выполняйте и проверяйте себя.

Я живу́ в до́ме но́мер оди́н на Наго́рной у́лице. Я рабо́таю в общежи́тии. Вчера́, как обы́чно, я ходи́ла на рабо́ту.
1 Вчера́ я вы́шла из до́ма. →
Ка́ждый день я выхожу́ из до́ма.
2 Я перешла́ Лесну́ю у́лицу. →
Я перехожу́ Лесну́ю у́лицу.
3 Пото́м я прошла́ парк и вы́шла на проспе́кт Толсто́го. →
Я прохожу́ парк и выхожу́ на проспе́кт Толсто́го.
4 Я перешла́ э́тот проспе́кт. →
Я перехожу́ э́тот проспе́кт.
5 Зате́м я прошла́ пло́щадь Пу́шкина и вы́шла на Университе́тский проспе́кт. →
Зате́м я перехожу́ пло́щадь Пу́шкина и выхожу́ на Университе́тский проспе́кт.
6 Я перешла́ э́тот проспе́кт. →
Я перехожу́ э́тот проспе́кт.
7 Я перешла́ ещё одну́ у́лицу, у́лицу Го́голя, и вошла́ в общежи́тие. →
Я перехожу́ ещё одну́ у́лицу, у́лицу Го́голя, и вхожу́ в общежи́тие.

Б.9. Слушайте микротекст, вписывайте пропущенные слова и выражения.

Я живу́ в до́ме № 2.
1 Я не о́чень люблю́ городско́й тра́нспорт. Но обы́чно я е́зжу в университе́т на авто́бусе, иногда́ на тролле́йбусе.
2 А вчера́ перед заня́тиями ко мне зае́хал мой друг.
3 У него́ своя́ маши́на. Он предложи́л мне поката́ться.
4 Мы объе́хали весь наш райо́н, и я да́же не опозда́ла на заня́тия.
5 Как мы е́хали?
6 Мы вы́ехали из на́шего двора́ на у́лицу Го́голя.
7 Пото́м мы поверну́ли на проспе́кт Толсто́го и прое́хали оди́н кварта́л вдоль магази́на «Ры́ба».
8 Пото́м мы поверну́ли на у́лицу Некра́сова, объе́хали парк.
9 Зате́м опя́ть вы́ехали на проспе́кт Толсто́го.
10 Дое́хали до теа́тра, объе́хали шко́лу и бассе́йн и вы́ехали на Университе́тский проспе́кт.
11 Когда́ я вошла́ в университе́т, звонка́ на заня́тия ещё не́ было.

Б.10. Вам задали вопрос, а вы не можете на него сразу ответить. Повторите вопрос вашего партнёра по диалогу.

Слушайте и повторяйте ответную реплику диалога.

1 — Как дое́хать до теа́тра?
— Как дое́хать до теа́тра? М-м-м. Мину́точку.

2 — Как дое́хать до библиоте́ки?
— Как дое́хать до библиоте́ки? Извини́те, не зна́ю.

3 — Как добра́ться до бассе́йна?
   — Как добра́ться до бассе́йна? Извини́те, затрудня́юсь сказа́ть.

4 — Как попа́сть в музе́й Пу́шкина?
   — Как попа́сть в музе́й Пу́шкина? Сейча́с поду́маю.

5 — Где ста́нция метро́?
   — Где ста́нция метро́? О! Э́то о́чень бли́зко.

6 — Где остана́вливается пе́рвый авто́бус?
   — Где остана́вливается пе́рвый авто́бус? По-мо́ему, за угло́м.

7 — Ско́лько остано́вок мне на́до прое́хать?
   — Ско́лько остано́вок вам на́до прое́хать? Затрудня́юсь сказа́ть. Узна́йте у кого́-нибудь
   друго́го.

Б.11. Повторя́йте вопро́с при отве́те.

Образец: — Как прое́хать на ры́нок?
          — Как прое́хать на ры́нок? Извини́те, не зна́ю.

Слу́шайте, выполня́йте и проверя́йте себя́.

1 — Как дое́хать до библиоте́ки?
   — Как дое́хать до библиоте́ки? Извини́те, не зна́ю.

2 — Как добра́ться до стадио́на?
   — Как добра́ться до стадио́на? Извини́те, не зна́ю.

3 — Как попа́сть в Истори́ческий музе́й?
   — Как попа́сть в Истори́ческий музе́й? Извини́те, не зна́ю.

4 — Как прое́хать на у́лицу Го́голя?
   — Как прое́хать на у́лицу Го́голя? Извини́те, не зна́ю.

5 — Где остана́вливается тролле́йбус?
   — Где остана́вливается тролле́йбус? Извини́те, не зна́ю.

Образец: — Как добра́ться до зоопа́рка?
          — Как добра́ться до зоопа́рка? Извини́те, затрудня́юсь сказа́ть.
          Спроси́те у кого́-нибудь друго́го.

6 — Где стоя́нка такси́?
   — Где стоя́нка такси́? Извини́те, затрудня́юсь сказа́ть. Спроси́те у кого́-нибудь друго́го.

7 — Где вход в кинотеа́тр?
   — Где вход в кинотеа́тр? Извини́те, затрудня́юсь сказа́ть. Спроси́те у кого́-нибудь друго́го.

8 — Где мне на́до сде́лать переса́дку?
   — Где вам на́до сде́лать переса́дку? Извини́те, затрудня́юсь сказа́ть. Спроси́те у кого́-нибудь
   друго́го.

9 — На какóй останóвке мне выходи́ть?

— На какóй останóвке вам выходи́ть? Извини́те, затрудня́юсь сказа́ть. Спроси́те у когó-нибудь другóго.

Б.12. Повторяйте вопрос при ответе.

Слушайте и повторяйте ответную реплику диалога.

1 — Этот автóбус идёт в центр?

— Этот ли автóбус идёт в центр? По-мóему, не этот.

— Этот автóбус идёт в центр?

— Идёт ли этот автóбус в центр? По-мóему, идёт.

— Этот автóбус идёт в центр?

— В центр ли идёт этот автóбус? По-мóему, не в центр.

2 — Автóбус идёт к музéю?

— Автóбус ли идёт к музéю? По-мóему, нет. К музéю идёт тóлько троллéйбус.

— Автóбус идёт к музéю?

— Идёт ли автóбус к музéю? По-мóему, идёт.

— Автóбус идёт к музéю?

— К музéю ли идёт автóбус? По-мóему, нет. Автóбус идёт в другýю стóрону.

3 — Мне скóро выходи́ть?

— Скóро ли вам выходи́ть? К сожалéнию, я не зна́ю. Спроси́те у когó-нибудь другóго.

4 — Далекó до музéя?

— Далекó ли до музéя? Нет, не óчень. Кварта́ла два.

5 — Мне на́до дéлать переса́дку?

— На́до ли вам дéлать переса́дку? Извини́те, затрудня́юсь сказа́ть.

Б.13. Слушайте вопросы. Повторяйте вопросы при ответе. Следите за предикатом вопроса.

Образец: — До метрó далекó?

— Далекó ли до метрó? Извини́те, не зна́ю.

Слушайте, выполняйте и проверяйте себя.

1 — Автóбус остана́вливается óколо поликли́ники?

— Остана́вливается ли автóбус óколо поликли́ники? Извини́те, не зна́ю.

2 — Вход в магази́н со двора́?

— Со двора́ ли вход в магази́н? Извини́те, не зна́ю.

3 — На автóбусе мóжно доéхать до поликли́ники?

— Мóжно ли на автóбусе доéхать до поликли́ники? Извини́те, не зна́ю.

4 — До па́рка мóжно дойти́ пешкóм?

— Мóжно ли до па́рка дойти́ пешкóм? Извини́те, не зна́ю.

Образец: — Я <u>доéду</u> на э́том тролле́йбусе до теа́тра?
— Дое́дете ли вы на э́том тролле́йбусе до теа́тра? Затрудня́юсь сказа́ть.

5   — Я <u>доéду</u> на э́том авто́бусе до стадио́на?
— Дое́дете ли вы до стадио́на на э́том авто́бусе? Затрудня́юсь сказа́ть.

6   — По э́той у́лице я <u>дойду́</u> до общежи́тия?
— Дойдёте ли вы по э́той у́лице до общежи́тия? Затрудня́юсь сказа́ть.

7   — Мне <u>ско́ро</u> выходи́ть?
— Ско́ро ли вам выходи́ть? Затрудня́юсь сказа́ть.

8   — Мне на́до вы́йти <u>о́коло шко́лы</u>?
— О́коло шко́лы ли вам на́до вы́йти? Затрудня́юсь сказа́ть.

Б.14. Вежливо обратитесь к незнакомому человеку с вопросом.

Слу́шайте и повторя́йте.

1 Скажи́те, пожа́луйста, как прое́хать на Кра́сную пло́щадь?
2 Скажи́те, пожа́луйста, как добра́ться до музе́я?
3 Извини́те. Скажи́те, пожа́луйста, как попа́сть в Большо́й теа́тр?
4 Извини́те. Скажи́те, пожа́луйста, где остано́вка авто́буса?

5 Извини́те. Вы не ска́жете, как пройти́ к Истори́ческому музе́ю?
6 Извини́те. Вы не ска́жете, как дое́хать до библиоте́ки?
7 Извини́те. Вы не ска́жете, на како́й остано́вке мне выходи́ть?
8 Извини́те. Вы не ска́жете, в каку́ю сто́рону мне е́хать?

Б.15. Вежливо обратитесь к незнакомому человеку с вопросом.

Образец: Вам на́до узна́ть, как прое́хать на Театра́льную пло́щадь.
— Скажи́те, пожа́луйста, как прое́хать на Театра́льную пло́щадь?

Слушайте, выполняйте и проверяйте себя.

1 Вам на́до узна́ть, как попа́сть в Кремль.
— Скажи́те, пожа́луйста, как попа́сть в Кремль?

2 Вам на́до узна́ть, как дое́хать до университе́та.
— Скажи́те, пожа́луйста, как дое́хать до университе́та?

3 Вам на́до узна́ть, как добра́ться до па́рка.
— Скажи́те, пожа́луйста, как добра́ться до па́рка?

4 Вам на́до узна́ть, как пройти́ к общежи́тию.
— Скажи́те, пожа́луйста, как пройти́ к общежи́тию?

5 Вам на́до узна́ть, где остано́вка авто́буса.
— Скажи́те, пожа́луйста, где остано́вка авто́буса?

6 Вам на́до узна́ть, где вам сде́лать переса́дку.
— Скажи́те, пожа́луйста, где мне сде́лать переса́дку?

7 Вам на́до узна́ть, в каку́ю сто́рону вам е́хать.
— Скажи́те, пожа́луйста, в каку́ю сто́рону мне е́хать?

8 Вам на́до узна́ть, на како́й остано́вке вам выходи́ть.
— Скажи́те, пожа́луйста, на како́й остано́вке мне выходи́ть?

Образец: Вам на́до узна́ть, как дое́хать до консервато́рии.
— Извини́те. Вы не ска́жете, как дое́хать до консервато́рии?

9 Вам на́до узна́ть, как дое́хать до ры́нка.
— Извини́те. Вы не ска́жете, как дое́хать до ры́нка?

10 Вам на́до узна́ть, как прое́хать к магази́ну «Оде́жда».
— Извини́те. Вы не ска́жете, как прое́хать к магази́ну «Оде́жда»?

11 Вам на́до узна́ть, как пройти́ к библиоте́ке.
— Извини́те. Вы не ска́жете, как пройти́ к библиоте́ке?

12 Вам на́до узна́ть, где стоя́нка такси́.
— Извини́те. Вы не ска́жете, где стоя́нка такси́?

13 Вам на́до узна́ть, где остано́вка авто́буса.
— Извини́те. Вы не ска́жете, где остано́вка авто́буса?

14 Вам на́до узна́ть, где вход в метро́.
— Извини́те. Вы не ска́жете, где вход в метро́?

15 Вам на́до узна́ть, на како́й ста́нции вам на́до де́лать переса́дку.
— Извини́те. Вы не ска́жете, на како́й ста́нции мне на́до де́лать переса́дку?

16 Вам на́до узна́ть, где вам на́до выходи́ть.
— Извини́те. Вы не ска́жете, где мне на́до выходи́ть?

Б.16. Вежливо обрати́тесь к незнако́мому челове́ку с вопро́сом.

Слу́шайте и повторя́йте.

1 Скажи́те, пожа́луйста, авто́бусная остано́вка далеко́?
2 Скажи́те, пожа́луйста, этот авто́бус идёт к Большо́му теа́тру?
3 Извини́те. Скажи́те, пожа́луйста, ры́нок ещё далеко́?

4 Извини́те. Вы выхо́дите на сле́дующей остано́вке?
5 Извини́те. Э́то ме́сто свобо́дно?
6 Извини́те. Здесь стоя́нка такси́?

7 Извини́те. Вы не ска́жете, вход в магази́н со двора́?
8 Извини́те. Вы не ска́жете, авто́бус уже́ ушёл?
9 Извини́те. Вы не ска́жете, я дое́ду на э́том авто́бусе до университе́та?

Б.17. Вежливо обрати́тесь к незнако́мому челове́ку с вопро́сом.

Образец: Вам на́до узна́ть, идёт ли э́тот авто́бус в центр.
— Скажи́те, пожа́луйста, э́тот авто́бус идёт в центр?

Слушайте, выполняйте и проверяйте себя.

1 Вам на́до узна́ть, далеко́ ли автобусная остано́вка.
— Скажи́те, пожа́луйста, автобусная остано́вка <u>далеко́</u>?

2 Вам на́до узна́ть, мо́жно ли до музе́я дойти́ пешко́м.
— Скажи́те, пожа́луйста, до музе́я <u>мо́жно</u> дойти́ пешко́м?

3 Вам на́до узна́ть, мо́жно ли до ци́рка дое́хать на метро́.
— Скажи́те, пожа́луйста, до ци́рка <u>мо́жно</u> дое́хать на метро́?

4 Вам на́до узна́ть, остана́вливается ли здесь автобус.
— Скажи́те, пожа́луйста, здесь <u>остана́вливается</u> автобус?

5 Вам на́до узна́ть, на́до ли вам де́лать переса́дку.
— Скажи́те, пожа́луйста, мне <u>на́до</u> де́лать переса́дку?

6 Вам на́до узна́ть, дойдёте ли вы за 10 мину́т до теа́тра.
— Скажи́те, пожа́луйста, я за 10 мину́т <u>дойду́</u> до теа́тра?

7 Вам на́до узна́ть, бы́стро ли вы дое́дете да це́нтра.
— Скажи́те, пожа́луйста, я <u>бы́стро</u> дое́ду до це́нтра?

8 Вам на́до узна́ть, выхо́дит ли же́нщина на сле́дующей остано́вке.
— Скажи́те, пожа́луйста, вы <u>выхо́дите</u> на сле́дующей остано́вке?

Образец: Вы хоти́те знать, идёт ли э́тот автобус в центр.
— Извини́те. Вы не ска́жете, э́тот автобус <u>идёт</u> в центр?

9 Вы хоти́те знать, далеко́ ли стоя́нка такси́.
— Извини́те, вы не ска́жете, стоя́нка такси́ <u>далеко́</u>?

10 Вы хоти́те знать, «Шко́ла» ли сле́дующая остано́вка.
— Извини́те, вы не ска́жете, сле́дующая остано́вка <u>«Шко́ла»</u>?

11 Вы хоти́те знать, давно́ ли не́ было автобуса.
— Извини́те, вы не ска́жете, автобуса не́ было <u>давно́</u>?

12 Вы хоти́те знать, ушёл ли уже́ после́дний автобус.
— Извини́те, вы не ска́жете, после́дний автобус уже́ <u>ушёл</u>?

13 Вы хоти́те знать, ча́сто ли хо́дят автобусы.
— Извини́те, вы не ска́жете, автобусы хо́дят <u>ча́сто</u>?

14 Вы хоти́те знать, мо́жно ли здесь сде́лать переса́дку.
— Извини́те, вы не ска́жете, здесь <u>мо́жно</u> сде́лать переса́дку?

15 Вы хоти́те знать, сле́дующая ли ста́нция «Университе́т».
— Извини́те, вы не ска́жете, ста́нция «Университе́т» <u>сле́дующая</u>?

16 Вы хоти́те знать, че́рез две ли остано́вки вам выходи́ть.
— Извини́те, вы не ска́жете, мне выходи́ть <u>че́рез две</u> остано́вки?

241

Б.18. Слушайте монолог.

Корреспондент газеты «Вечерняя Москва» пишет статью о московском транспорте. Сейчас он стоит на автобусной остановке и разговаривает с женщиной — Натальей Петровной Семёновой. Послушайте, о чём говорит Наталья Петровна.

Я живу с сыном и его семьёй. Два года назад мой сын получил новую квартиру в Митине. Два года! Как быстро летит время, а кажется, только вчера переехали. Сыну дали квартиру в Митине. Вы, наверное, слышали? Это новый район Москвы. Работаю же я совершенно в другом конце Москвы. Каждый день я езжу на работу. Я ещё совсем нестарая женщина. Мне чуть больше пятидесяти. В прошлом месяце 54 года исполнилось. Но в последнее время я часто задумываюсь о пенсии. Уж очень тяжело добираться до работы.

Ну, во-первых, до работы нет прямого сообщения. Метро в нашем районе нет. И когда построят — неизвестно. До работы мне приходится добираться на двух видах транспорта. Сначала на автобусе, потом на метро. На автобусе до метро я еду около двадцати минут. А потом около часа еду на метро. Почему так долго? Да потому что приходится делать пересадку. Я пересаживаюсь в центре. Вот так. Автобус, потом метро. Очень долго.

Во-вторых, автобусы ходят редко. Вот и сейчас. Сколько мы с вами разговариваем? Да уж минут десять. А автобуса всё нет. Да… Автобусы — это всегда проблема. Очень плохо ходят автобусы. Особенно днём.

В автобусе и метро всегда много народу. Ведь я обычно езжу в час пик. Все едут на работу, и я еду на работу. Все едут с работы, и я возвращаюсь с работы. Особенно много людей в автобусе. Едешь обычно стоя. Никто места не уступит. Да я молодёжь понимаю. Смотрю иногда на молодых — бледные, уставшие, многие в транспорте спят. Мне молодёжь жалко.

И почему у нас так мало думают о людях! Сначала надо о транспорте думать, а потом новые дома строить!

Б.21. Слушайте диалоги.

первый диалог

На улице разговаривают Лариса и мужчина.

Лариса: Скажите, пожалуйста, как доехать до музея Пушкина?
Мужчина: До музея Пушкина? А где он? Я и не знаю. Спросите у кого-нибудь другого.

второй диалог

На улице разговаривают Лариса и девушка.

Лариса: Девушка, вы не скажете, как добраться до музея Пушкина?
Девушка: Как добраться до музея Пушкина? О! Это очень просто. Садитесь на пятый автобус.
Лариса: На пятый автобус? А где он останавливается?
Девушка: Тут, недалеко. Вон, за этим пятиэтажным домом. Идите прямо. За домом поверните направо. И сразу увидите остановку. …По-моему, к музею ещё идёт десятый троллейбус. Но я точно не помню. Нет, лучше поезжайте на пятом.
Лариса: Извините, а вы не скажете, сколько остановок до музея?
Девушка: Сколько остановок до музея? Затрудняюсь сказать. Спросите лучше у кого-нибудь в автобусе.

третий диалог

В автобусе разговаривают Лариса, водитель автобуса, молодой человек (м. человек) и пожилая женщина (п. женщина).

Водитель: Осторо́жно! Две́ри закрыва́ются. Сле́дующая остано́вка «Шко́ла».

Лариса: Ой, я ника́к не пройду́. Пройди́те, пожа́луйста, немно́го вперёд.

Водитель: Де́вушка, не сто́йте в дверя́х. Проходи́те, проходи́те, не заде́рживайтесь. Осторо́жно, две́ри закрыва́ются!

М. человек: Де́вушка, сади́тесь. Сего́дня в авто́бусе сто́лько наро́ду! Я́блоку не́где упа́сть!

Лариса: Нет, нет, спаси́бо. Я бою́сь прое́хать свою́ остано́вку. Вы не ска́жете, как мне попа́сть в музе́й Пу́шкина? На како́й остано́вке мне выходи́ть?

М. человек: На како́й остано́вке вам выходи́ть? Так вы е́дете не в ту сто́рону! Вам на́до е́хать в обра́тную сто́рону!

Лариса: Как в обра́тную сто́рону?! А мне сказа́ли, что на́до е́хать в э́ту сто́рону.

П. женщина: Ну что вы говори́те, молодо́й челове́к! Почему́ в обра́тную? Пра́вильно она́ се́ла. Пра́вильно, де́вушка, е́дете, пра́вильно! Че́рез две остано́вки вам выходи́ть. Че́рез две, на тре́тьей.

Лариса: Большо́е спаси́бо.

П. женщина: Вот молодёжь пошла́! Где музе́й Пу́шкина, не зна́ет!

четвёртый диалог

В автобусе разговаривают Лариса и женщина.

Лариса: Извини́те, вы выхо́дите на сле́дующей остано́вке?

Женщина: Нет, я выхожу́ че́рез одну́.

Лариса: Че́рез одну́? Тогда́ разреши́те мне пройти́. Я выхожу́ сейча́с. Ой, ника́к не пройти́! Пропусти́те меня́, пожа́луйста. Я сейча́с прое́ду свою́ остано́вку. Води́тель, подожди́те мину́точку. Откро́йте, пожа́луйста, дверь. Ух! Спаси́бо.

Б.23. Прослу́шайте диало́ги тре́тий раз. Зате́м слу́шайте вопро́сы и отмеча́йте пра́вильные отве́ты.

первый диалог

Почему́ мужчи́на не смог объясни́ть Лари́се, как пройти́ к музе́ю?

второй диалог

Почему́ де́вушка не о́чень хорошо́ объясни́ла доро́гу к музе́ю?

третий диалог

1 Почему́ води́тель недово́лен?
2 Почему́ недово́льна пожила́я же́нщина?

четвёртый диалог

1 Почему́ Лари́са не мо́жет вы́йти из авто́буса?
2 Почему́ Лари́са начала́ разгова́ривать с же́нщиной?
3 Что сде́лал води́тель?

КЛЮЧИ К ЗАДАНИЯМ

СЕМЬЯ

А.1.

1	1, 2 и 3, 4	дедушка и бабушка
2	1, 2; 3, 4; 6, 7	муж и жена
3	5, 6; 7, 8; 9, 10	дочь и сын
4	5, 6; 7, 8; 9, 10	родные брат и сестра
5	6, 11; 8, 9	тётя и племянник
6	5, 10	дядя и племянница
7	11, 10	двоюродные брат и сестра
8	2, 3 и 9, 10, 11	бабушки и внуки
9	1, 4 и 10	дедушки и внучка
10	9, 11	двоюродные братья
11	1, 7	он женат
12	2, 6	она замужем
13	8	она разведена
14	2, 3	бабушка жива
15	4	дедушка умер

А.2.

он	она	он и она
мужчина	женщина	люди
мальчик	девочка	ребёнок, дети
молодой человек, юноша, парень	девушка	молодые люди
старик	старуха	старики
родственник	родственница	родственники
папа, отец	мама, мать	родители
муж	жена	
дядя	тётя	
дедушка	бабушка	
сын	дочь	дети
брат	сестра	
двоюродный брат	двоюродная сестра	
внук	внучка	внуки
племянник	племянница	племянники
пенсионер	пенсионерка	пенсионеры

А.3.

Иван	— Иванович/Ивановна
Владимир	— Владимирович/Владимировна
Виктор	— Викторович/Викторовна
Александр	— Александрович/Александровна
Фёдор	— Фёдорович/Федоровна
Пётр	— Петрович/Петровна

244

Андрей	— Андреевич/Андреевна
Николай	— Николаевич/Николаевна
Сергей	— Сергеевич/Сергеевна
Алексей	— Алексеевич/Алексеевна
Леонид	— Леонидович/Леонидовна

А.4.

Иван	— Ваня	Анна	— Аня
Владимир	— Володя	Ольга	— Оля
Виктор	— Витя	Ирина	— Ира
Александр	— Саша	Татьяна	— Таня
Фёдор	— Федя	Мария	— Маша
Пётр	— Петя	Наталья	— Наташа
Андрей	— Андрюша	Вера	— Вера
Николай	— Коля	Надежда	— Надя
Сергей	— Серёжа	Любовь	— Люба
Алексей	— Алёша	Екатерина	— Катя
Леонид	— Лёня	Елена	— Лена

Б.1.

1
1 родственников
2 дядю
3 замечательный
4 женат
5 зарабатывает
6 за ним как за каменной стеной

2
1 умер … дедушка
2 Чудесный
3 похож
4 как две капли воды
5 воспитывал
6 назову … в честь

3
1 дружная
2 замечательный
3 на пенсии
4 вышла на пенсию
5 Воспитывает

4
1 женился
2 женат
3 женился
4 Свадьба
5 свадебное путешествие

5
1 выходит замуж … племянница
2 была замужем
3 развелась
4 бывший муж
5 поженились
6 выходить замуж

Б.2. 1 потерять голову
2 влюбиться с первого взгляда
3 весь в отца

Б.3. 1 в 1950-ом году.
2 10-ого мая.
3 в августе 1948-ого года.
4 в 1976-ом году.
5 в мае 1977-ого года
6 15 апреля 1981-ого года.
7 четвёртое мая, среда.
8 В субботу
9 10-ого марта
10 в воскресенье
11 в понедельник

Б.5. 1 1 пять лет назад
2 через три года
3 три года

2 1 два года назад
2 год
3 Через год

3 1 три года
2 три года назад
3 через год

4 1 три дня назад
2 три дня
3 Через день

Б.7. 1 трое (внуков)
2 три (внучки)
3 пятеро (внуков)
4 трое (детей)
5 четверо (братьев)

Б.16. ***первый монолог***
Рассказывает Ольга Сергеевна — мама Анны Андреевны.
второй монолог
Рассказывает Таня — сестра Анны Андреевны.
третий монолог
Рассказывает Федя — средний сын Анны Андреевны.
четвёртый монолог
Рассказывает Олег — брат Анны Андреевны.

Б.17. 1   2) да   2   1) да
3) да   2) нет
4) да   3) да
5) да   4) нет
5) да
6) нет

3 1) да   4 1) да
   2) нет   2) да
   3) да   3) да
   4) да   4) нет
   5) нет   5) да
                   6) нет

Б.18.   *первый монолог*

2 нет   10 нет   18 да
3 да   11 да   19 нет
4 да   12 да   20 да
5 да   13 да   21 да
6 да   14 да   22 да
7 нет   15 нет   23 нет
8 да   16 да
9 да   17 нет

второй монолог

1 да   6 да   11 нет
2 да   7 да   12 да
3 нет   8 да   13 да
4 нет   9 нет   14 да
5 да   10 да

третий монолог

1 да   4 нет
2 да   5 нет
3 да

четвёртый монолог

1 нет   4 да   7 да
2 да   5 нет   8 да
3 да   6 да   9 нет

Б.19.   Нина — двоюродная сестра Ани.

Б.20.

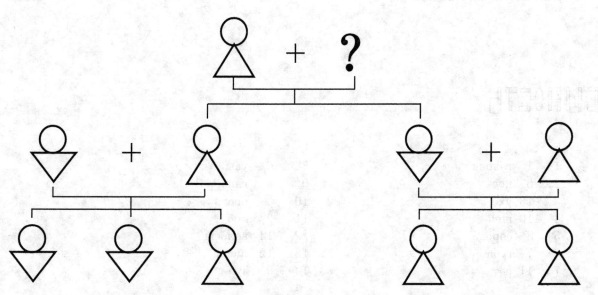

Б.21.

2	нет	9	нет	16	да
3	да	10	да	17	да
4	да	11	нет	18	да
5	нет	12	нет	19	нет
6	нет	13	да	20	да
7	нет	14	да	21	нет
8	нет	15	да		

Б.22.

Миша	Петя	Аня	Наташа	Нина
1971	1973	1978	1977	1973

Б.23.

1 Старшего родного брата Ани зовут Миша.
Младшего родного брата зовут Петя.
Старшую двоюродную сестру зовут Нина.
Младшую двоюродную сестру зовут Наташа.

2 Аня родилась в тысяча девятьсот семьдесят восьмом году.

3 Петя родился в тысяча девятьсот семьдесят третьем году.
Миша родился в тысяча девятьсот семьдесят первом году.
Нина родилась в тысяча девятьсот семьдесят третьем году.
Наташа родилась в тысяча девятьсот семьдесят седьмом году.

4 Миша старше Пети на два года.

5 Аня младше Миши на семь лет.

6 Петя старше Ани на пять лет.

7 Нина старше Наташи на четыре года.

8 Аня младше Нины на пять лет.

9 Наташа старше Ани на год.

ВНЕШНОСТЬ

А.1.

1	1	голова	8	6	усы
2	5	нос	9	4	глаз
3	13	ухо	10	3	бровь
4	10	шея	11	2	лоб
5	8	борода	12	14	волосы
6	7	губа	13	12	щека
7	11	рот	14	9	зуб

Какой он? Какая она?

1	1	он молодой	8	2	она толстая
2	2	она средних лет	9	1	он худой
3	4	он пожилой	10	4	он полный
4	1	он высокий	11	1	он стройный
5	2	она маленького роста	12	4	он сутулый
6	3	она среднего роста	13	3	она стройная
7	3	у неё хорошая фигура	14	3	у неё длинные волосы

Как он выглядит?

1	2	он выглядит больным	4	1	он выглядит отдохнувшим
2	2	он выглядит усталым	5	2	у него синяки под глазами
3	1	он кровь с молоком	6	1	у него румянец во всю щёку

Какое у него (у неё) лицо?
Какие у него (у неё) глаза?

1	2, 4, 6	у него круглое лицо
2	1	у него скуластое лицо
3	3	она курносая
4	5	у неё длинный прямой нос
5	1, 4, 6	у него большой нос
6	5	у неё большие полные губы
7	4	у него тонкие губы
8	4	у него большие круглые глаза
9	2	у него маленькие глаза
10	1, 4	у него густые брови
11	1, 4	у него широкие брови
12	6	у него тонкие брови
13	3, 5	у неё длинная шея
14	4	у него короткая шея
15	1, 6	он без шеи
16	3	у неё прямые длинные волосы
17	5	у неё волнистые короткие волосы
18	1	у него кудрявые длинные волосы
19	2	у него кудрявые короткие волосы
20	6	у него короткие густые прямые волосы
21	2	у него короткие редкие кудрявые волосы
22	1	у него длинные густые кудрявые волосы
23	1	он с усами, но без бороды
24	6	он с усами и с бородой

Б.1.   1   1 У него короткие чёрные волосы и синие глаза.
2 тонкие брови и прямой нос
3 со вкусом
4 в тёмных костюмах и белых рубашках
5 галстуки
6 просто
7 в джинсах и в футболке

8 кровь с молоком

9 Румянец во всю щёку.

10 его не узнать

11 изменился

12 синяки под глазами

13 похудел и побледнел

2 1 симпатичная

2 среднего роста

3 худая и не полная

4 большие карие глаза и прямой маленький нос

5 стройная

6 тонкие чёрные брови и светлые волнистые волосы

7 с карими глазами и светлыми волосами

8 с большим вкусом

9 в коротком зелёном платье

10 идёт ей

11 украшения

12 бусы и серьги

13 в красивом браслете

Б.2. 1 Ты отстала от жизни.

2 Он кровь с молоком.

3 Платье ей идёт. Платье ей к лицу.

Б.5. 1 А: Какие у тебя глаза?

Б: Какие у меня глаза? Ты что, никогда не обращала внимания? У меня_____—____зелёные глаза.

А: У тебя _____—_____ зелёные глаза? Дай-ка посмотреть. И правда! Какие у тебя _____—_____ красивые глаза! У тебя __есть__ зелёное платье?

Б: К сожалению, нет. Но у меня __есть__ зелёные серьги. И они мне очень идут.

2 А: Пойдём сегодня на дискотеку? У тебя __есть__ платье?

Б: Конечно, __есть__ .

А: Нет. У тебя __есть__ нарядное платье?

Б: __Есть__ . Но зачем оно на дискотеку? А у тебя __есть__ джинсы?

А: __Есть__ .

Б: А какие у тебя _____—____ джинсы?

А: Ну как какие? Джинсы как джинсы! Обычные. У меня _____—_____ синие обычные джинсы.

Б: Нет, у тебя __есть__ оранжевые джинсы?

А: Оранжевые? Конечно, нет.

Б: Ну тогда я с тобой не пойду! Сейчас в моде оранжевые и ярко-зелёные джинсы.

А: Ярко-зелёные? Неужели! Надо же! Я совсем отстала от жизни!

Б.7. 1 1 одевается со вкусом

2 ходит в тёмных костюмах

3 носит красивые блузки

    4 ходит в туфлях на высоком каблуке

    5 в красивом голубом платье

2 1 одеваемся

    2 носим пальто и шапки

    3 ходят в тёплых сапогах

    4 носят сапоги

    5 в куртке и в ботинках

    6 была в куртке и в тёплом свитере

    7 хожу в лёгком платье и в сандалиях

    8 ношу

3 1 в чём

    2 в красной юбке, в зелёной кофте и в жёлтых туфлях

    3 безвкусно одевается

    4 в чём ... пришла

    5 в чём

    6 в таком же платье

Б.11. 1 Моя подруга обычно ходит в юбке и блузке.

2 На работу его отец обычно носит костюм и галстук.

3 Сейчас я в джинсах и майке.

4 Наташа сегодня пришла в бусах и серьгах.

5 Летом он ходит в рубашке и брюках.

6 Зимой они обычно носят сапоги и свитер.

7 Она вчера была в театре в красивом длинном платье и браслете.

8 Она пошла сегодня в университет в зимней куртке и в тёплом свитере.

Б.12. 1 ходит без пальто и шапки

2 без пальто

3 с бородой и усами

Б.14. *первый диалог*   № 6

второй диалог   № 7

третий диалог   № 3

Б.25. Нет.

Б.26.

2 да	8 да	14 да
3 да	9 нет	15 нет
4 да	10 нет	16 нет
5 да	11 да	17 нет
6 нет	12 нет	18 нет
7 да	13 да	

Б.27. 1 Школьная форма — красивая и нарядная.

2 Школьная форма — удобная.

3 Школьная форма — дешёвая.

Б.28. Нет.

Б.29.

2 нет	7 нет
3 да	8 да
4 нет	9 да
5 нет	10 нет
6 нет	11 да
	12 да

Б.30.

1	в)	6	в)
2	б)	7	а)
3	а)	8	б)
4	в)	9	в)
5	а)		

В.12.
1 синий чулок
2 Не всё то золото, что блестит.
3 белая ворона

ДОМ

А.1.
1 1 многоэтажный многоквартирный жилой жом
2 4 палатка
3 3 дача
4 2 коттедж

Б.1.
1 1 тесно
2 пришлось
3 снимать квартиру
4 купили
5 переехали
6 в пригороде
7 рукой подать
8 В двух шагах

2 1 за городом
2 принадлежит
3 со всеми удобствами
4 газ, ... отопление
5 нам ... не по карману

Б.2.
1 у чёрта на рогах, не ближний свет
2 не по карману
3 в двух шагах, рукой подать
4 нет сил

Б.3.

1	в	6	в
2	в	7	к
3	на	8	у
4	в	9	на ... к
5	в	10	к ... в

Б.15.   1 нет
2 да

Б.16.   2 нет   8 нет
3 нет   9 да
4 да   10 нет
5 нет   11 нет
6 нет   12 нет
7 да

Б.17.   1   плюсы: жить в общежитии недорого;
общежитие недалеко от университета;
минусы: жить вчетвером в одной комнате тяжело;

2   плюсы: в квартире никто не мешает;
квартира недалеко от университета;
остановка автобуса рядом;
рядом с домом парк;
в парке хорошо заниматься;
минусы: снимать квартиру дорого

Б.18.   Да.

Б.19.   2 нет   9 нет
3 нет   10 да
4 да   11 да
5 нет   12 нет
6 нет   13 нет
7 да   14 да
8 нет   15 да

Б.20.   1 б)   5 в)
2 а)   6 б)
3 б)   7 а)
4 а)   8 б)

Б.21.   1 Семья Кати переехала в новую квартиру в Митине.
2 Кате и её мужу пришлось купить квартиру самим.
4 Мама и папа Кати остались жить в центре.
5 Новая квартира не очень хорошая. Квартира двухкомнатная, но маленькая.
6 Кате нравится место, где находится её новый дом.
7 До работы Кате надо ехать больше часа.
8 Катя часто бывает у родителей.

В ДОМЕ

А.1.	1	4, 5 ,6, 7, 8	первый этаж	8	4	холл
	2	1, 2, 3	второй этаж	9	8	душ
	3	9, 10, 11	подвал	10	6	гостиная
	4	1	ванная	11	3	спальня
	5	11	гараж	12	7	детская
	6	9	кухня	13	5	столовая
	7	2	коридор	14	10	комната для стирки белья

Б.1. 1
1 гостиная, спальня
2 холл
3 ведёт в гостиную ... в кухню
4 в ванную
5 уютно
6 выходят на юг
7 открывается чудесный вид
8 люстры ... торшер
9 обеденный стол
10 старинный буфет
11 большой диван
12 журнальный столик
13 в гостиной
14 хозяйка
15 на кухне

2
1 ремонт
2 изменилось
3 встроенные шкафы
4 удобно
5 сделали ремонт
6 газовую плиту на электрическую
7 занавески ... люстру
8 заменили
9 квартиру не узнать

Б.2.
1 построили
2 Перестраивать
3 встрою
4 пристроить

Б.3.
1 построить
2 пристроить
3 перестроить
4 встроить

Б.4.
1 справа от окна
2 Около дивана
3 Здесь
4 У окна
5 Рядом с ним
6 Сюда
7 Посредине комнаты
8 напротив телевизора
9 сюда ... у моих ног

Б.5.
1 Там
2 Туда
3 направо
4 Справа
5 налево
6 Слева
7 Впереди
8 сюда
9 здесь
10 здесь

Б.6.
1 повесить её на стену
2 поставил её к стене
3 встал на лестницу ... повесил картину
4 стоял на лестнице ... вешал картину
5 повесил картину ... сели за стол
6 сидели
7 висит
8 висела
9 сидела у телевизора
10 поставил картину на комод
11 на комоде ... стояла
12 положил картину в шкаф
13 лежит в шкафу
14 кладу или вешаю вещи в шкаф

Б.18.

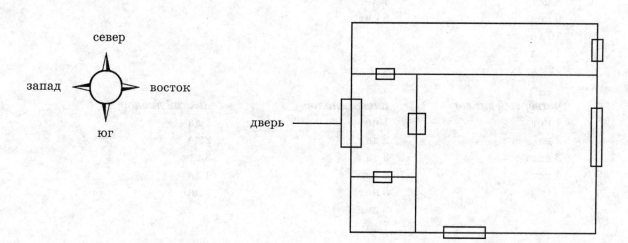

Б.20.

диван	кровать	буфет	журнальный столик
зеркало	книжные полки	телевизор	обеденный стол
комод	шкаф	письменный стол	стул кресло

Б.21.

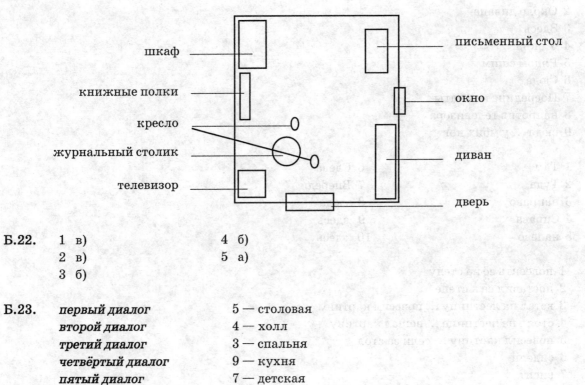

шкаф

книжные полки

кресло

журнальный столик

телевизор

письменный стол

окно

диван

дверь

Б.22.

1 в)	4 б)
2 в)	5 а)
3 б)	

Б.23.

первый диалог	5 — столовая
второй диалог	4 — холл
третий диалог	3 — спальня
четвёртый диалог	9 — кухня
пятый диалог	7 — детская
шестой диалог	8 — душ

Б.24.

первый диалог	**второй диалог**	**третий диалог**
2 нет	1 да	1 да
3 да	2 нет	2 нет
4 нет	3 нет	3 да
5 нет	4 да	4 да
6 да	5 да	5 нет
7 да	6 да	6 нет
8 нет	7 нет	
9 нет	8 нет	
10 да		
11 да		
12 да		

четвёртый диалог	**пятый диалог**	**шестой диалог**
1 нет	1 нет	1 да
2 да	2 да	2 да
3 да	3 да	3 нет
4 нет	4 нет	4 да
	5 нет	5 да
	6 нет	
	7 да	

Б.25.   А.   1 Сделали новое окно в холле.
2 Построили лестницу на второй этаж.
3 Перенесли кухню в подвал.

в городе

4 В комнате, где раньше была кухня, сделали холл.

5 Сделали встроенные шкафы в комнате мальчиков.

6 Пристроили комнату для душа.

Б.   1 буфет в гостиной

2 люстра в гостиной

3 картина в холле

4 фотография дочери в спальне Наташи и Олега

5 электрическая плита на кухне

6 кровать в комнате мальчиков

7 фотография певицы в комнате мальчиков

8 душ для мальчиков

В.   1 буфет в гостиной

2 люстра в гостиной

3 электрическая плита на кухне

4 кровать в комнате мальчиков

5 душ для мальчиков

В ГОРОДЕ

А.1.   1   3 мемориал Чан-Кайши в Тайбэе

2   1 Кремль в Москве

3   2 статуя Свободы в Нью-Йорке

4   4 Эйфелева башня в Париже

Б.1.   1   1 виды транспорта

2 большое движение

3 час пик

4 добираюсь

5 Станция

6 автобусе

7 Остановка ... квартал

8 беру такси

9 стоянку ... ловлю машину

2   1 задержался

2 сел

3 попасть ... другую

4 пересел

5 проехал свою остановку

6 идти пешком

7 входа

Б.2.   1 Как быстро летит время! Прошло уже пять лет!

2 Яблоку негде упасть.

3 Ну и молодёжь пошла!

КЛЮЧИ

Б.3. а)   1 в   6 на
             2 из   7 мимо
             3 по   8 вдоль
             4 на   9 в … со
             5 по   10 во

Б.4. а)   1 попасть   8 идите
             2 попасть … пойдёте   9 Пройдите
             3 пойду   10 Перейдите
             4 выйдете   11 пройдите
             5 Пройдите   12 Дойдите
             6 Выйдите   13 дойдёте
             7 Перейдите   14 Обойдите

Б.5. а)   1 как … пройти
             2 Откуда … пойдёте
             3 пойду из общежития
             4 выйдете из общежития … повернуть
             5 Выйти … проспект
             6 перейти … проспект
             7 пойти по улице
             8 перейти площадь Пушкина
             9 Выйти на проспект
             10 пройти вдоль почты, мимо театра
             11 перейти … улицу
             12 пройти … вдоль здания
             13 вход с проспекта

Б.8. в)   1 Завтра мы выйдем из дома.
             2 Мы перейдём Лесную улицу.
             3 Потом мы пройдём парк и выйдем на проспект Толстого.
             4 Мы перейдём этот проспект.
             5 Затем мы пройдём площадь Пушкина и выйдем на Университетский проспект.
             6 Мы перейдём этот проспект.
             7 Мы перейдём ещё одну улицу, улицу Гоголя, и войдём в общежитие.

Б.9. а)   1 на автобусе … на троллейбусе
             2 заехал
             3 машина
             4 объехали
             5 ехали
             6 выехали
             7 проехали один квартал
             8 повернули на улицу
             9 выехали на проспект
             10 Доехали … объехали … выехали
             11 вошла в университет

Б.18.   Нет.

Б.19.

2 нет	7 да	12 да
3 да	8 да	13 нет
4 нет	9 нет	14 нет
5 нет	10 нет	15 да
6 нет	11 нет	

Б.20.

1 До работы нет прямого сообщения.

2 До работы ехать долго.

3 Автобусы ходят плохо.

4 В транспорте много народу.

Б.21.

первый диалог — нет

второй диалог — да

третий диалог — 1 нет

2 да

четвёртый диалог — нет

Б.22.

второй диалог

2 да
3 нет
4 нет
5 да

третий диалог

1 да	5 да
2 да	6 нет
3 да	7 нет
4 нет	

четвёртый диалог

1 нет	3 нет
2 да	4 да

Б.23.

первый диалог — б)

второй диалог — в)

третий диалог — 1 б)

2 б)

четвёртый диалог — 1 б)

2 в)

3 в)

В.6.

ползти как черепаха

ехать зайцем

бежать во весь дух

Тише едешь — дальше будешь.

КЛЮЧИ

В.7.

ЕВРОПА

Россия → Москва
Польша → Варшава
Австрия → Вена
Франция → Париж
Германия → Берлин
Испания → Мадрид
Греция → Афины
Италия → Рим
Англия → Лондон
Португалия → Лиссабон
Дания → Копенгаген
Финляндия → Хельсинки
Югославия → Белград
Венгрия → Будапешт

СЕВЕРНАЯ АМЕРИКА

США → Вашингтон
Канада → Оттава
Мексика → Мехико

АЗИЯ

Тайвань → Тайбэй
Таиланд → Бангкок
Сингапур → Сингапур
Япония → Токио
Египет → Каир
Иран → Тегеран
Китай → Пекин
Вьетнам → Ханой
Южная Корея → Сеул
Израиль → Тель-Авив
Филиппины → Манила
Индия → Дели
Турция → Анкара

ЮЖНАЯ АМЕРИКА

Бразилия → Бразилиа
Аргентина → Буэнос-Айрес
Колумбия → Богота

УВАЖАЕМЫЕ КОЛЛЕГИ!

Учебный центр «Златоуст» предлагает вам принять участие в семинарах по новым учебным пособиям и новым технологиям в обучении русскому языку как иностранному. Для участия в семинарах, проведения открытых уроков приглашены авторы пособий, опубликованных в издательстве, и ведущие редакторы. Вашему вниманию будут предложен широкий ассортимент пособий авторов различных школ.

По вашему желанию могут проводиться 2–3х дневные (12–16 часов) и 5-ти дневные семинары (40 часов).

Предлагаются следующие темы:

- Новые пособия по русскому языку как иностранному
- Методика работы с Интернетом,
- Информационные ресурсы русскоязычного Интернета
- Составление компьютерных упражнении с помощью существующих стандартных программ подготовки
- Методика подготовки учебных текстов для чтения для различных уровней владения языком
- Групповые игры на уроках по русскому языку
- Методика использования стандартного пакета Microsoft Office при подготовке учебных материалов
- Аудирование, работа с аудиоматериалами.
- Видео (учебные фильмы, аутентичные материалы, новостные программы) на уроке
- Методика работы с отдельными учебными пособиями («Жили-были», «Россия сегодня», «Что вы сказали?», «Грамматика в картинках», «Русский язык по-новому» и др.)
- Обзорные лекции по современной русской литературе
- Современное экономическое, политическое положение России. Социальная ситуация в России.
- Русская песня на уроке
- Современная русская разговорная речь и литературная норма.
- Российская государственная система тестирования и Европейский языковой портфель
- Новая бытовая лексика (блюда, одежда, досуг, спорт, мебель)
- Региональные различия в современной русской речи
- Деловой русский как предмет преподавания
- Межкультурная коммуникация. Преодоление стереотипов на материале деловой игры
- Письменные жанры или как действительно научить писать по-русски.
- Внеаудиторная работа на курсах и в языковых школах.
- Место упражнений по переводу на уроках русского языка
- Литературные экскурсии, посвященные деятелей русской культуры в Петербурге, жизни различных диаспор в Петербурге

Семинары проводятся в помещении, оборудованном презентационной техникой.

Для слушателей курса работает библиотека Издательства.

Следите за объявлениями о наших семинарах на сайте www.zlat.spb.ru

Групповые заявки на участие в семинаре можно присылать
по следующему адресу:

ЗАО «ЗЛАТОУСТ»

197101, Россия,
Санкт-Петербург,
Каменноостровский пр.,
д.24, офис 24
(вход со двора)

Секретарь 103-11-78
Учебный центр 103-11-49
Факс 103-11-79
e-mail: school@zlat.spb.ru
URL: www.zlat.spb.ru

Zlatoust Ltd

OUR BOOKS ARE AVAILABLE
IN THE FOLLOWING BOOKSTORES:

— **Austria:** Handelsagentur A.Lange (Vienna), (+43-1) 406-78-92

RKI Russisches KulturInstitut (Vienna) (+43-1) 505 18 29 33

— **Bulgaria:** Universe Press (Sofia), tel/fax: (+359-2) 334-470

— **Czech Republic:** Mega Books International (Prague), tel/fax: (+4202) 71-74-10-35, 71-74-00-26;

— **Canada:** Troyka Ltd. (Toronto), tel. (+1 416) 535-6699, fax 535-3265

Middle EurAsian Books (Mississauga), tel. (1) 905-828-1014, fax (1) 905-828-7967

— **Denmark:** G.E.C. GAD Stakbogladen Slavisk afd. (AArhus), tel. (+45) 86-19-45-22,

fax 86-20-91-02; slavic@gad.dk

— **France:** Librairie du Globe (Paris), (+33-1) 42-77-31-41, fax 42-77-36-36

Librairie ATTICA (Paris), tel. (+33-1) 49-29-27-27, fax 48-06-47-85; e-mail: attica@compuserve.com

Gibert Jeune (Paris), tel. (+33-1) 43-54-57-32, fax (+33-1) 40-46-97-02

— **Finland:** Translatio Rustica Oy (Helsinki), tel. (+358-9) 272-70-70, fax 272-70-720; e-mail: vera.koltygina@rustica.fi

Akateeminen kirjakauppa (Helsinki), (+358-9) 121-42-48, 121-44-41

Onegin Books Oy (Helsinki) Tel.(+358-9)726 26 25, e-mail:onegin@saunalahti.fi

— **Germany:** Kubon & Sagner (Munich), tel. (+49-89) 54-218-110, fax 54-218-218

— **Greece:** Institut Pushkin (Athens), tel. (+30-1) 382-47-41, fax 381-21-95

"Дом русской книги" tel/fax (+3)010 95 73 400, 010 95 73 480, e-mail: arbat@stargate.gr

— **Great Britain:** Grant & Cutler Ltd (London), fax (+44 0171) 7349272

— **Holland:** Boekhandel PEGASUS (Amsterdam), tel. (+31 020) 623-1138, fax 620-3478

— **Hungary:** Orosz Kulturбlis Kцzpont (Budapest), tel. (+36-1) 332-2154, fax 312-2693

— **Italy:** Il punto (Roma), tel/fax (+39 06) 679 58 05,

Edest (Genova), tel./fax (+39 010) 246-16-93, 246-25-62

— **Japan:** Nauka Ltd. (Tokyo), tel (+81 03) 3981-5266, fax 3981-5313

— **Spain:** Alibri Llibreria (Barcelona), tel (+34-3) 317 05 78, fax 412 27 02

Fundation Alexander Pushkin (Madrid), tel. (+34-91) 448-33-00, fax 448-34-12

— **Switzerland:** PinkRus GmbH (Zurich), tel. (+41-1) 262-2266, fax 262-2434

— **USA:** Panorama of Russia, tel./fax (+101) 617-625-3635

Victor Kamkin Inc. (Rockville MD), tel. 301-881-5973, fax 301-881-1637

Worldwide Language Resources (Reading, MA), tel. (+1-781) 942-9801, fax 944-1971

— **Yugoslavia:** Ruski Dom (Beograd), tel/fax (+381-11) 641-351

EXPORT FROM RUSSIA:

• AO «Inform-systema»: Moscow, Sevastopolsky pr., 11a,
tel. (7 095) 129-61-84, (7 095) 127-91-47, fax (7 095) 124-99-38
E-mail: info@informsystema.ru
• AO «Mezhdunarodnaya kniga»: Moscow, B. Yakimanka, 39,
tel. (7 095) 238-44-89, fax (7 095) 230-33-69

Издательство "Златоуст"

НАШИ ПОСОБИЯ ПРОДАЮТСЯ
В МАГАЗИНАХ РОССИИ:

— **Москва**:

"Прогресс" (Зубовский б-р, 17, метро "Парк Культуры")

"Библио-Глобус"(ул.Мясницкая, 6, метро "Лубянка"); т. 928 43 51

Объединенный центр "Московский Дом книги" (Новый Арбат, 8, 2 этаж, метро "Арбатская"); т. 203 75 60

"Дом педагогической книги" (ул. Большая Дмитровка, 7/5, стр. 1, метро "Охотный ряд"); т. 229 54 35

"Молодая гвардия" (ул. Большая Полянка, 28, метро "Полянка"); т. 238 00 32

"Ваш выбор", МГУ (1 Гуманитарный корпус, 1 этаж)

— **Петербург**:

"Дом книги" (Невский пр., 28, 1 этаж, метро "Невский проспект")

"Университетский книжный салон" (Университетская наб., 11, метро "Василеостровская")

издательство "Златоуст" (Каменноостровский пр., д. 24, кв. 24, метро "Горьковская", "Петроградская")

— **Новосибирск:**

"Топ-КНИГА" (Новосибирск,117, ул. Арбузова, 1/1); т./факс (3832) 36 10 28, office@top-kniga.ru

— **Иркутск:**

"Продалит" (Иркутск, ул. Байкальская, 172); т. 51 30 70, 59 13 70; prodalit@irk.ru

ЭКСПОРТ ИЗ РОССИИ:

- ЗАО "Информ-система": Москва, Севастопольский пр., 11а, тел. (7 095) 127-91-47, факс (7 095) 124-99-38
  E-mail: info@informsystema.ru
- ЗАО "МК-периодика": Москва, ул. Гиляровского, 39, тел. (7 095) 281-33-22, 284-50-08, факс (7 095) 281-37-98
  E-mail: info@periodicals.ru, http://www.periodicals.ru
- ЗАО "МК-Книги": Москва, ул. Б. Якиманка, 39, тел. (7 095) 238-44-89, факс (7 095) 230-33-69
- "Юпитер-Интер": Москва, Казарменный пер., 8, стр.3
  тел./факс 916-29-34; e-mail: jupiter@aha.ru
- "ИнСерв" ООО: Белоруссия, Минск, ул. Фрунзе, 9, т./факс (1037517) 236-80-83
- "Академическая книга": Белоруссия, Минск, пр. Ф. Скорины, 72, т./факс (1037517) 232-46-52, 232-50-43